国家体育总局体育科学研究所基本科研业务费资助项目（19-41）

国际优秀女子高尔夫球员
大数据分析与挥杆动作研究

王泽峰　展更豪　朱鹏岳／著

人民体育出版社

图书在版编目（CIP）数据

国际优秀女子高尔夫球员大数据分析与挥杆动作研究／王泽峰，展更豪，朱鹏岳著. -- 北京：人民体育出版社，2021（2023.12重印）

ISBN 978-7-5009-5984-7

Ⅰ.①国… Ⅱ.①王… ②展… ③朱… Ⅲ.①女性－高尔夫球运动－研究 Ⅳ.①G849.3

中国版本图书馆 CIP 数据核字（2021）第 033028 号

*

人 民 体 育 出 版 社 出 版 发 行
北京中献拓方科技发展有限公司印刷
新 华 书 店 经 销

*

710×1000 16 开本 10.5 印张 193 千字
2021 年 6 月第 1 版 2023 年 12 月第 2 次印刷

*

ISBN 978-7-5009-5984-7
定价：50.00 元

社址：北京市东城区体育馆路 8 号（天坛公园东门）
电话：67151482（发行部） 邮编：100061
传真：67151483 邮购：67118491
网址：www.psphpress.com

（购买本社图书，如遇有缺损页可与邮购部联系）

目 录
CONTENTS

第一章　高尔夫球运动的发展及规则的演变 …………………………… 001
　第一节　高尔夫球运动发展历程 ……………………………………………… 001
　第二节　高尔夫球规则的演变 ………………………………………………… 002
　第三节　高尔夫球技术的发展 ………………………………………………… 005

第二章　LPGA 平均杆数前 100 名球员数据分析 ……………………… 009
　第一节　平均杆数前 100 名球员各项技术指标总体性变化趋势分析 ……… 009
　第二节　杆数排名前 100 名球员各项技术的相关性分析 …………………… 013
　第三节　不同水平球员之间的技术运用效果变化趋势 ……………………… 040
　第四节　不同年份各项统计指标的单因子方差分析 ………………………… 046

第三章　国际优秀女子高尔夫球选手挥杆动作技术分析 ……………… 065
　第一节　国际优秀女子高尔夫球员准备姿势对挥杆技术影响研究 ………… 065
　第二节　国际优秀女子高尔夫球员一号木全挥杆技术分析 ………………… 072

第四章　中国优秀女子高尔夫球选于与世界其他国家优秀选手技术对比分析 …………………………………………………………… 080
　第一节　中国 4 名优秀球员与世界其他国家优秀球员参加 LPGA 的各项技术指标对比分析与建议 ……………………………………………… 080
　第二节　中国高尔夫球奥运球员与世界优秀选手一号木对比分析 ………… 094
　第三节　女子高尔夫球员冯珊珊与朴仁妃切推杆技术对比分析 …………… 098
　第四节　中外优秀女子高尔夫球员一号木全挥杆技术三维对比分析 ……… 107

参考文献 …………………………………………………………………………… 160

第一章 CHAPTER 01
高尔夫球运动的发展及规则的演变

第一节 高尔夫球运动发展历程

高尔夫球运动是一项古老的运动，它的发展已有500多年的历史。在高尔夫球的历史上，大多数人认为这项运动的起源地是苏格兰，这是一块因为贫瘠而被农夫遗弃的土地，它最终成为全世界最著名的高尔夫球场——圣安德鲁斯老球场（Old Course，St. Andrews）。

高尔夫球运动于19世纪传入世界各地，至今已有500多年的历史。1900年的巴黎奥运会和1904年的美国圣路易斯奥运会均将高尔夫球运动列为正式比赛项目。但1908年的夏季奥运会，因为R&A与奥组委的争端引发英国所有参赛者退出，之后因为各奥运会举办国缺少高尔夫球运动员或高尔夫球在该国并不普及而没有将高尔夫球运动列为奥运会比赛项目。直到2009年10月国际奥委会投票通过高尔夫球为2016年巴西里约热内卢奥运会的比赛项目。

在过去相当长的时间里，高尔夫球在中国被称为"贵族运动""有钱人的娱乐"。高尔夫球运动是一项健康、绿色、受到世界大众喜爱的体育运动，它历经百年重新回归奥林匹克运动会，这一决定无疑在很大程度上促进了高尔夫球运动在世界范围内快速发展。近年来国内外大大小小的高尔夫球赛事有千余场，在诸多欧洲国家、日本及韩国等经济发达国家，高尔夫已经成为全民参与的运动项目。据2017年《朝向白皮书》推测，中国参与高尔夫球运动人口数量已达到110万。

高尔夫是一项具有特殊魅力的运动，其英文GOLF中G代表绿色（Green），O代表氧气（Oxygen），L是阳光（Light），而F代表友谊（Friendship），这个名称给人以惬意、休闲的氛围。与此同时，高尔夫还是一项高度职业化的竞技体育项目，球员挥杆技术水平的高低会对比赛成绩产生直接影响。随着运动训练学理论的成熟和科学技术的发展，人们研究运动技术动作的方法日益多样化，运动生物力学基本理论在各种体育项目的技术动作研究中得到广泛运用。运动生物力学这一学科的飞速发展，使得高尔夫挥杆技术动作与大数据相结合，近年来有关高尔夫的理论研究在数量上显著增加，但有关国内优秀运动员技术动作的相关研究相对较少，而关于球员比赛过程中的技术动作分析几乎没有。

我国高尔夫球运动起步相对较晚，第一家申报立项建设的深圳高尔夫俱乐部球会于 1982 年建设；1984 年建成国内第一家高尔夫球场——中山温泉高尔夫乡村俱乐部，并对外开放；1985 年中国高尔夫协会在北京成立；1994 年中国高尔夫协会正式加入亚太高尔夫联合会，中国高尔夫走出国门。2016 年奥运会冯珊珊斩获女子铜牌。2017 年是中国高尔夫高速发展的一年，窦泽成和张新军拿下了美巡赛参赛卡，李昊桐在英国公开赛拿下了第 3 名，冯珊珊登顶世界第一。近年来我国高尔夫球员比赛成绩一直不温不火，没有较大的突破。

第二节　高尔夫球规则的演变

从事任何运动之前，人们首先需了解该项运动的基本规则方能尽兴，并免于贻笑大方。由于高尔夫球运动注重展现绅士风度，因此更应重视对基本规则的认识。虽然高尔夫有许多规则，然而最基本的规则不外乎下列两点：参赛者务必在公平的条件下进行比赛，比赛过程中必须能客观地处理对自己有利的状况。高尔夫比赛的主要参与者包括技战术能力优秀的球员、为球员提供服务的球童、对高尔夫球规则条款内容和规则制定精神和意图具有深刻理解并能正确判罚的裁判员，以及其他场地工作人员、安保人员等。《高尔夫球规则》作为高尔夫运动发展的执行标准，在其制定、修订过程中不是随意执行和随意更改的，必须遵守一定的原则，符合发展趋势，有准确的目的性和广泛的适用性。高尔夫球比赛过程瞬息万变，球员技术动作的发挥不仅需要有扎实的基本功、出色的身体机能，还要有多年积累的比赛经验，只有基本功扎实、身体机能正常、比赛经验丰富的运动员，才能充分发挥技战术水平，创造和培养属于球员自己的技战术风格。提高球员技战术水平的重要因素是规则不断完善，从而保障运动员技战术能力的提高。

随着高尔夫球运动的发展，现代高尔夫已有了革命性突破和质的飞跃。以奥运会和高尔夫四大赛事为代表的国际比赛大大推进了高尔夫球运动的国际化进程，使高尔夫最终成为走向世界的运动项目。随着高尔夫球运动不断向更高水平和全世界更广范围内的传播，与高尔夫球运动同时期发展的《高尔夫球规则》各条款内容的完善与合理程度成为影响高尔夫球运动发展的一项重要因素，规则的演变与高尔夫运动进一步发展起到相辅相成的作用。

一、《高尔夫球规则》的出现与初期发展阶段

在世界高尔夫运动的历史上，第一份成文的高尔夫竞赛规则，是在1744年由英国的利斯绅士高尔夫球友会推出的13条高尔夫规则，现称为"爱丁堡高球员荣誉团体"。这13条记载在羊皮纸上的高尔夫球规则就是高尔夫规则史上最早的法典，称为"十三条军规"。

（1）必须在距球洞一支球杆长度范围内开球（当时并没有发球台，球进洞后就接着打下一洞）。

（2）球座必须置于地面。

（3）发球以后便不可再更换球。

（4）不可以以影响打球为由移动石块、骨头及任何断杆，除非是在果岭上，此时也只能清除距球一杆范围内的区域。

（5）如果你的球掉进了水区或泥沼里，你可以将球取出，置于障碍后方，然后继续打，不过作为惩罚，你需要让对手一杆。

（6）如果打球之前你认为另一个球会对你的球造成影响，你可以要求拿起这个球，直到你打完。

（7）推杆进洞时应如实击打，不要随便去干扰对手的球，除非他的球躺在你的路线上。

（8）如果你的球丢失或者出界，你需要返回上次挥杆的地方，用另一个球重新开始，同时还要让对手一杆。

（9）在推杆入洞时，任何人不得用球杆或其他物品标示球到球洞之间的路线。

（10）如果球被任何人、马、狗或者其他的事物阻挡，应该在球的现有状态下继续打球。

（11）如果你的挥杆意在击球而非热身，即使你在中途停住，也算打了一杆。

（12）距离球洞最远的球必须先打。

(13) 为了保护林克斯球场而出现的壕沟、水渠或者堤坝以及其他类似情形，都不算障碍，球可以取出重新击打。

"十三条军规"作为最初的高尔夫规则，非常简单，每条只有短短的一两句话，而且规则条款的内容也非常基础，包括发球区、使用中球、击球环境、界外球、局外者、打球顺序及妨碍物等规范条例，从中不难看到现行高尔夫球规则的影子。由爱丁堡高尔夫球员贵友联合会会员制定的第一部高尔夫规则（共13条），经过两个多世纪的发展，已发生多次演变。

此后很多高尔夫俱乐部会在新规则基础上制定适合自己会员使用的比赛规则。在众多的高尔夫俱乐部中，1754年5月12日成立的苏格兰圣安德鲁斯高尔夫俱乐部后来居上，其影响力超过了利斯绅士高尔夫球友会。1834年苏格兰国王威廉四世宣封圣安德鲁斯高尔夫俱乐部为"圣安德鲁斯皇家古老高尔夫俱乐部（Royal and Ancient Golf Club of St. Andrew Scotland）"。1897年圣安德鲁斯皇家古老高尔夫俱乐部在众多高尔夫俱乐部的敦请下，编印了高尔夫历史上第一部统一的《高尔夫球规则》。然而，在时隔150多年后，这部规则虽然从13条增加到了37条，但从世界范围内高尔夫运动的整体发展来讲，由于各个地区高尔夫竞赛规则不统一，客观上造成了高尔夫运动竞赛长期处于"各自为政"的状况，影响了高尔夫运动竞技水平的整体发展与提高。高尔夫运动的发展可划分为5个阶段：高尔夫运动的萌芽，中世纪高尔夫运动的发展，职业高尔夫运动的发展，职业竞技与休闲娱乐并进的发展，以及经济文化一体化社会趋势下的高尔夫运动的发展。

二、《高尔夫球规则》的制定与演变的相持阶段

18世纪下半叶，随着欧洲移民的大量涌入，高尔夫这项起源于欧洲的户外运动，在美洲大陆也迅速得到发展。1894年，全美高尔夫球协会宣告成立。该协会的前身是"高尔夫球业余爱好协会"，后更名为"美国高尔夫球协会（USGA）"，它迅速成为美洲大陆高尔夫运动发展的领军者。USGA负责制定美洲高尔夫竞赛规则，组织各项赛事。与此同时，苏格兰圣安德鲁斯皇家古老高尔夫俱乐部负责制定欧洲地区高尔夫规则和组织各项赛事活动。随着国际赛事不断发展，两大组织各自的竞赛规则出现许多分歧。直到20世纪初，两家有影响力的组织才达成一致，同意在欧美两地区国际性比赛时，统一采用由圣安德鲁斯皇家古老高尔夫俱乐部制定的高尔夫竞赛规则，虽然两组织对规则的许多技术细节仍

然存在着分歧，而且在两地所举行的国际性高尔夫赛事活动之前，仍须就双方的分歧进行赛前统一，但是从世界范围内高尔夫的交流和发展来讲，这毕竟是结束了长期以来世界范围内无统一竞赛规则的历史，具有划时代的意义。

三、《高尔夫球规则》的统一发展阶段

随着世界范围内职业高尔夫运动的快速发展，以及国际性赛事活动的增加，世界高尔夫运动的整体水平也得到极大提高，客观上促使两家机构（R&A 和 USGA）对规则的统一要做出新的决断。1951 年，美国高尔夫球协会与苏格兰圣安德鲁斯皇家古老高尔夫俱乐部通过认真协商，从根本上解决了对规则认识上的分歧，对规则的解释达成共识，每四年对规则进行重新修订和印制。

第三节　高尔夫球技术的发展

"工欲善其事，必先利其器。"高尔夫球运动的最基本器材是球和球杆。随着高尔夫运动的发展，除了球和球杆之外，逐渐产生了各种各样的辅助器材和高尔夫服装。以球和球杆为主的球具在外形、结构、品质及效能等多方面都随着高尔夫球运动的发展而改进。由于人们将高科技的成果不断运用到这项运动中，因此这项运动本身以及它的各种器材的发展越来越快。

一、高尔夫球的发展历程

有证据表明，最初的高尔夫球使用的是圆形或椭圆形的石子，随后发展为经过手工雕琢的木球。有的高尔夫史研究者甚至认为，早期的高尔夫球是用山毛榉木做成的，这种树木在北温带的中西欧较常见。

有文字记载的最早的高尔夫球应当是用羽毛制作的（Featherie Ball）。这种球的外皮是由几片真皮（马皮或牛皮）缝合而成的。在制作时，将蒸煮过的湿羽毛填塞进半球内，再将两个半球缝接。缝合后，球皮会干缩，球体略变小。由于一个工匠一天只能缝制几个球，因此手工费昂贵，有时它会超过一支球杆的价格。羽毛制球在下雨天会变软，因而影响使用。羽毛制高尔夫球从 17 世纪面世历经了大约 200 年才"功成身退"。

大约在 1840 年，人们才开始试验使用一种橡胶制球。

1848年，一种称为古塔胶球（Gutta Percha）的新一代高尔夫球登场，这被视为高尔夫球史上划时代的事件。古塔胶球的主要材质由古塔树胶提炼而成，经过"水乳交融"，这种物质极具弹性。在制球过程中，它易于被压制成球状，冷却后质地坚硬。古塔胶的制作成本大大低于羽毛制球，从而使更多的人可以打得起高尔夫球。因此，这种新球给高尔夫运动带来突破性发展。

古塔胶球在生产及改进过程中开始注重"标准化"，即所生产的球在尺寸和重量等方面都应符合一定的规范。这种新球的材质具有易成形性，这也是可追求规范化的前提。古塔胶球还有另一个优点，一旦它的球身变形或被打破裂，还可经过熔化恢复原状，令破损球"起死回生"。高尔夫球员们经过实践得出结论，再生球有时比完全光滑平实的原球具有更好的飞行性能。初期，球员们都使用球面光滑的球，后来发现球面有纹路反而更好用，因而后来在制作上有意加进了均匀刻纹或按照需要成形。根据圣安德鲁斯老球场保存的史料记载，A. 罗伯逊（Allan Robertson）在1858年用这种古塔胶球曾打出过79杆的佳绩。一般来说，当时的古塔胶球重量为1.3~1.5盎司（1盎司=28.349克），比今天的高尔夫球略轻。

1900年前夕，一种新球宣告将取代已流行多年的硬橡胶古塔胶球。C. 哈斯克尔（Coburn Haskell）在参观了美国俄亥俄州阿克隆一间橡胶厂后受到启发，决定制造一种橡胶核心球，即使用薄薄的胶皮缠绕一个有小突起外衣的胶球。

1898年，哈斯克尔研制成功并申报了专利。这种新球的优点非常突出，击球距离可以比以前的球远20米，而且更容易控制。一向保守的球员们表示，哈斯克尔球会改变高尔夫球比赛的特性，但是引发哈斯克尔第一个灵感的古德里奇橡胶公司还是决定马上生产这种新球。

1901年，沃尔特·特拉维斯（Walter Travis）使用这种新球一举夺得美国业余锦标赛冠军，卫冕成功。翌年，哈斯克尔球传到英国，英国选手山迪·赫德（Sandy Herd）使用新球在霍伊湖皇家利物浦球场取得英国公开赛冠军，击败了使用旧球的三次冠军得主哈里·瓦登（Harry Vardon）。从此，哈斯克尔球才站稳脚跟，并结束了人们对新旧球孰优孰劣的争论。

对于哈斯克尔球，人们一直尝试各种试验对其进行改进。更新的球以球表面凹痕（dimple）代替小突起，这样不仅可以保持同样良好的空气动力学特性效果，而且可以把球打得更加精准，而原有的球面小突起可能会将球打偏。

今天的标准高尔夫球均采用表面凹痕型，不同品牌的球虽然直径和凹痕深度不同，但差别极小。厂家在促销战中，往往特别强调这种差异导致的不同飞行性能。专家们在风洞中检验这种球的空气动力学性能，其原则类似检验一架飞机的机翼。高尔夫球员在击球时，球会获得一种向后的旋转力，这与这些凹痕密切相关，好像在球的下方形成一个厚的气枕一样。有人曾做过试验，打光滑的球只能飞 65 米，而有凹痕的球可打出 275 米。

二、高尔夫球杆的发展历程

苏格兰是高尔夫的故乡，这里在 15 世纪就已出现第一支木杆。当时的木杆杆身坚实，杆头沉重，握把缠绕着小羊皮等真皮。早期制作的木杆常常用山毛榉木，也用苹果木、梨木和李树木。这些木头都可以用来制作杆头。后来苏格兰人从北美引进柿树，柿木本质密实，不容易开裂，是制造球杆的良好材料。柿木坚硬而有韧性，木纹美观。木杆制作很费工夫，要经过干燥和细致的选料工序。尽管几百年后的今天，原本意义上的全木杆已很少见，但专精此项手艺的木杆生产商仍存在。

在球杆的演变过程中，杆头不仅有材质的变化，也有外形的变化。除了早期的长鼻杆头和短鼻杆头外，坚硬木质杆身的球杆还有杆趾为方形的笨重的大凹面杆头，也有圆形和椭圆形杆头。在 1850 年的一组球杆中，人们已经看到不仅有开球用的木杆，在球道上用的三号木杆，还有推杆和几支铁杆。

第一次世界大战前后，美国高尔夫行业开始繁荣起来。沃特·哈根、吉恩·萨拉森、波比·琼斯等人的加入向人们呈现了前所未有的生机勃勃的高尔夫球盛宴。

这个时候的 Spalding 和 Mac Gregor 在不断更新高尔夫器材的同时继续引领着高尔夫制造业。20 世纪 30 年代人们对钢杆身的认可，并没有导致山核桃木杆身的消亡。首先，配套设置的概念让很多高尔夫球员购买各种规格类似的球杆，而不是购买单独的一支。更严格更具包容性的铁杆意味着球杆制造和配置将会在柔韧性、重量和手感方面有所提升。球杆制造商和消费者配置球杆时会采用砂纸打磨山核桃木杆身，直至不同的球杆变得相同。

钢材质的优点使这种球杆无可置疑地在球杆制造业站稳脚跟，进而促使批量生产的高尔夫工业形成。除了不锈钢材质外，20 世纪下半叶开发的碳纤维及硼纤维这些新材质也用于高尔夫球杆的制造。不锈钢价格相对便宜，弹性小，但扭力较好；碳纤维和硼纤维的特性正好与不锈钢相反，但重量较轻，外观质感也好。由于硼纤维和碳纤维材质的球杆重量较轻，因此特别适合于女性高尔夫球员和相对年长的打球者使用。当然，越来越多的男球员也选用它们，因为球员可以将力道用在挥持时的杆头上，从而达到增加击球距离的目的。随着钢制杆身的出现，高尔夫器材制造商也开始配套销售球杆，并对每一个球具做出质量承诺。球杆制造业的发展刺激着球员们不断丰富自己的装备，因此，USGA 在 1938 年对此进行了一次禁止性规定，即一轮比赛一名球员最多只能携带 14 支球杆，1939 年 R&A 做出了同样的规定。

近年来，在高尔夫球坛掀起了一股"钛合金热"，运动员争相购买和使用钛合金球杆。钛合金最初用于航天工业，生产"爱国者"导弹上钛金属的美国鲁格（Ruger）公司就提供这种材质。这种高级材质的稳定性很好。导弹要飞得远，飞行路线直，除了依赖其动力外，导弹表面质料会起到很大作用。使用钛合金制成的木杆，其稳定性和弹性俱佳，小白球被击得又直又远。钛合金杆的出现，使挥杆一族如获至宝，职业选手也有了夺取比赛胜利的利器。

第二章 CHAPTER 02
LPGA平均杆数前100名球员数据分析

数据采集说明：本书中所采集的数据以每年赛季结束，LPGA 官方网站的统计数据为准，用 Excel 和 SPSS 26 软件进行处理和分析。每年平均每轮杆数（下文统一简称为"平均杆数"）排名前 100 名的球员为数据采集标准，根据杆数前 100 名球员的各项数据进行筛选和计算。分组原则：每轮杆数排名前 10 名为第 1 组，每轮平均杆数排名第 11 至 20 名为第 2 组，每轮杆数排名第 21 至 50 名为第 3 组，每轮杆数排名第 51 至 100 名为第 4 组。特别说明：为便于读者阅读，一号木杆每轮平均开球距离统一简称为开球距离，一号木杆每轮平均上球道率统一简称为上球道率，每轮平均标准杆上果岭率统一简称为标 on 率和每轮平均推杆数（下文统一简称为"推杆数"）。

第一节　平均杆数前 100 名球员各项技术指标总体性变化趋势分析

一、近 8 年 LPGA 杆数排名前 100 名球员的开球距离总体变化趋势

由图 2-1 可知，除了 2012 年的开球距离达到 251.16 码外，从 2013—2019 年的平均开球距离依次为 247.4 码、249.43 码、249.01 码、253.65 码、254.16 码、253.45 码和 264.48 码，开球距离一直呈上升趋势，特别是 2019 年平均开球距离比 2018 年增长了 11 码多，比 2013 年平均增长了 17 码多。

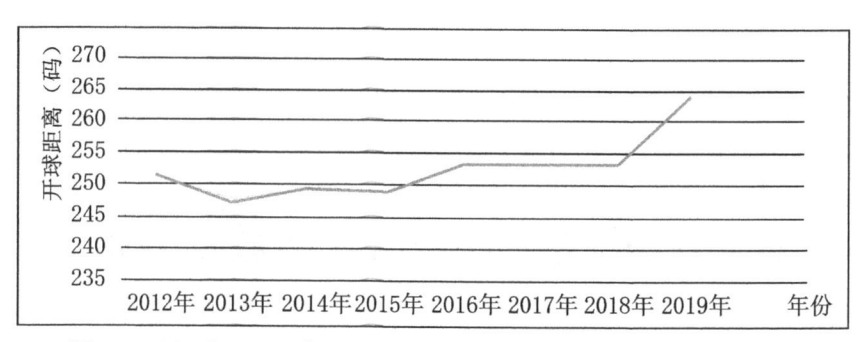

图 2-1 近 8 年 LPGA 杆数排名前 100 名球员平均开球距离变化折线图

从图 2-1 中的增长趋势可以看出，平均开球距离一直在增长。出现这一结果的可能原因包括：①参赛球员的天赋、身体素质水平可能有所提高；②随着高尔夫运动科研、训练水平的提高，球员的一号木开球技术水平得到了提高，身体机能得到更好发掘和利用，因此球员的开球距离更远；③随着科学技术的进步，球具越来越先进，对提高开球距离也有所帮助；④随着高尔夫运动的开展，职业球员比赛的场地球道变得越来越长，也促使球员的开球距离有所增加。

二、杆数排名前 100 名球员每轮平均上球道率总体变化

从图 2-2 开球的上球道率折线图看，不同的年份上球道率会有所不同，其上球道率呈 M 形分布，近 8 年的起伏较大，分析其可能的原因在于与开球距离的负相关性，即开球距离越远，其上球道率越低，并且开球距离与上球道率的相关系数 $r=-0.6$ 以上水平，而 2012 年、2016 年和 2019 年开球距离都是高值，其上球道率都是低点。我们可以对比图 2-1 和图 2-2，它们几乎呈相反的方向。

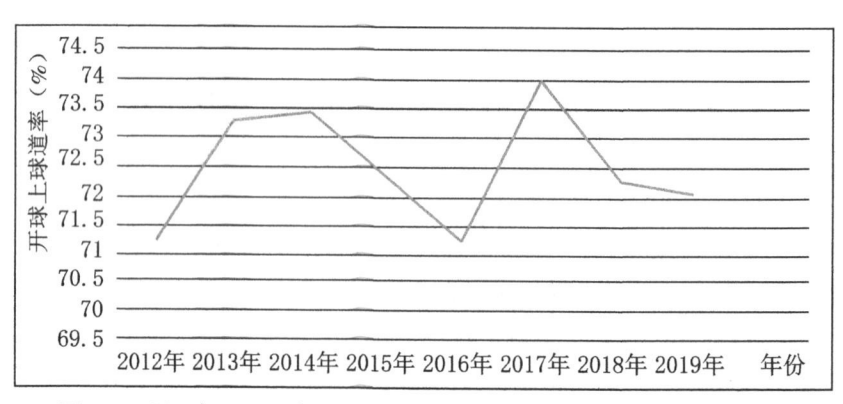

图 2-2 近 8 年 LPGA 杆数排名前 100 名球员开球上球道率变化折线图

三、近 8 年 LPGA 杆数排名前 100 名球员标 on 率总体变化

从图 2-3 近 8 年 LPGA 杆数排名前 100 名球员标 on 率折线图可以看出标 on 率基本上处在上升的过程中，其上升趋势较为明显，2019 年的平均标 on 率达到 70.76%，比 2012 年的平均标 on 率高 3% 以上。标 on 率对球员的整体杆数具有非常重要的意义。因为攻果岭的球杆选择多种多样，所以球员的整体技术水平得到了相应提高的情况下才能达到这样的结果。

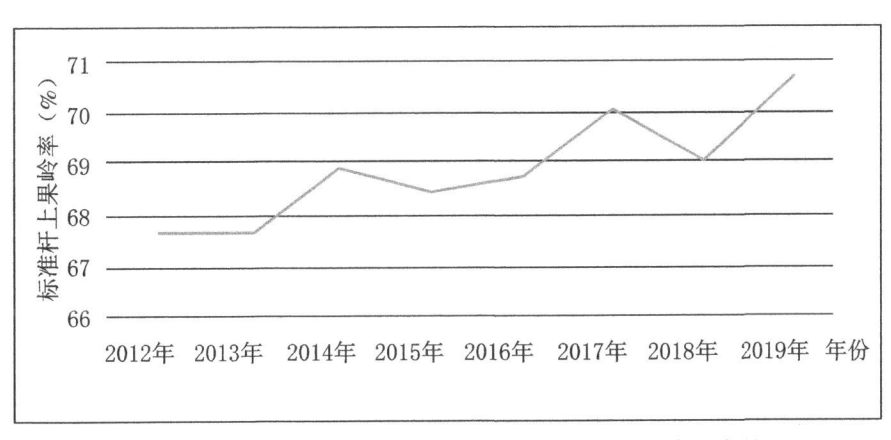

图 2-3 近 8 年 LPGA 杆数排名前 100 名球员标 on 率折线图

由图 2-1 和图 2-3，即开球距离和标 on 率的变化趋势我们可以看出，两图的上升趋势基本是一致的，这也说明开球距离对标 on 率的重要作用，在后文的各因素的相关性分析中将进一步讨论。

四、近 8 年 LPGA 杆数排名前 100 名球员平均推杆数总体变化趋势

从图 2-4 近 8 年每年杆数排名前 100 名球员推杆数折线图来看，2012—2019 年平均杆数排名前 100 名的球员每轮推杆数基本呈下降趋势，即每轮的平均推杆数有所下降。那么随着推杆数的减少，其总杆数也会下降，但 2019 年的平均推杆数却比 2018 年高了 0.49 杆。可能的原因是 2019 年进入杆数前 100 名的球员中有 20 名球员是新进入 LPGA 的球员，并且杆数排名进入了前 100 名，但是这 20 名球员的平均推杆数为 31.23 推，因此 2019 年球员的平均推杆的次

数整体增加了。

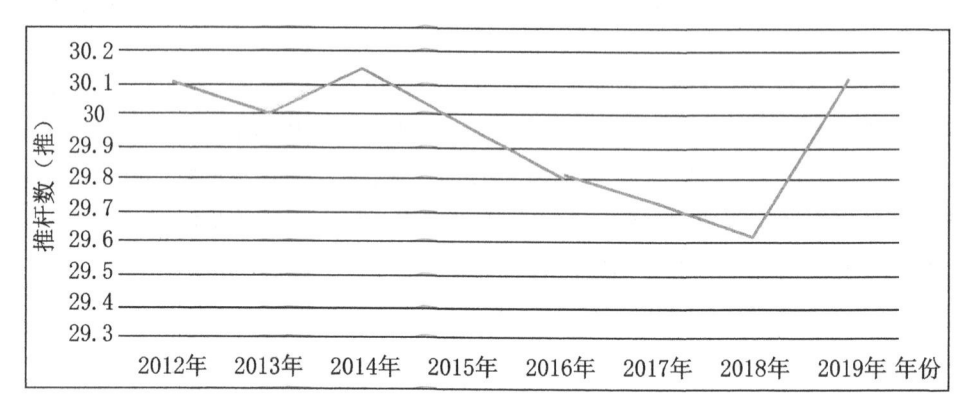

图 2-4 近 8 年每年杆数排名前 100 名球员推杆数折线图

五、每轮杆数总体变化趋势

从图 2-5 的 2012—2019 年 LPGA 杆数排名前 100 名球员平均杆数变化折线图可以明显地看出，整个平均杆数变化趋势是下降的。分析其原因在于整体技术水平提高，开球的距离在逐年增加、开球的准确性和标 on 率都有所提高，只有推杆数的变化较少。

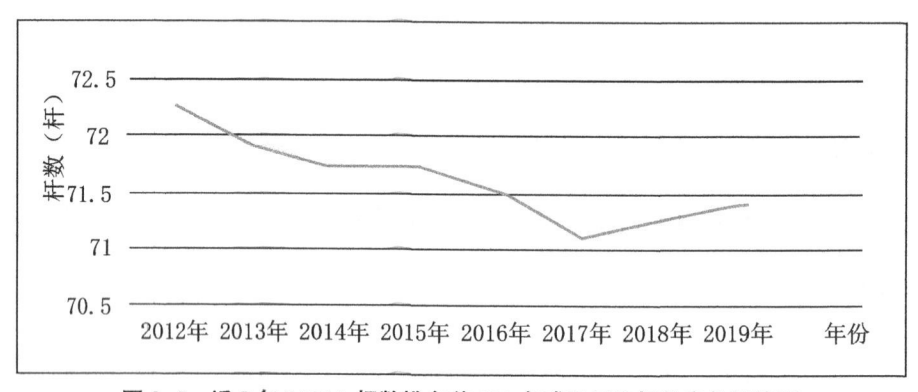

图 2-5 近 8 年 LPGA 杆数排名前 100 名球员平均杆数变化折线图

六、小结

高水平球员开球距离的重要性增加，较远的开球距离是高水平球员取得好成绩的重要保障条件之一。LPGA 球员的上球道率起伏较大，上球道率的重要性随着球员其他技术水平的提高，重要性在逐渐下降。LPGA 球员的标 on 率呈不断上升趋势，标 on 率是球员取得好成绩的重要保障。球员的平均推杆数整体变化比较平稳，平均在 30 杆上下波动。平均杆数总体趋势逐渐下降，即 LPGA 的整体水平逐渐提高。

第二节 杆数排名前 100 名球员各项技术的相关性分析

一、近 8 年 LPGA 平均杆数前 100 名球员的平均杆数和开球距离、上球道率、标 on 率及推杆数的相关性

（一）2012 年 LPGA 杆数排名前 100 名球员的各项技术指标相关关系（表 2-1）

表 2-1 2012 年 LPGA 杆数排名前 100 名球员的各项技术参数相关性数据

主因素		平均杆数	开球距离	上球道率	标 on 率	推杆数
平均杆数	Pearson 相关性	1	−0.227	−0.279	−0.751	0.425
	显著性（双侧）		*	*	*	*
	n	100	100	100	100	99
开球距离	Pearson 相关性	−0.227	1	−0.645	0.380	0.196
	显著性（双侧）	*		*	*	
	n	100	100	100	100	99
上球道率	Pearson 相关性	−0.279	−0.645	1	0.255	−0.072
	显著性（双侧）	*	*		*	
	n	100	100	100	100	99
标 on 率	Pearson 相关性	−0.751	0.380	0.255	1	0.193
	显著性（双侧）	*	*	*		
	n	100	100	100	100	99

续表

主因素		平均杆数	开球距离	上球道率	标 on 率	推杆数
推杆数	Pearson 相关性	0.425	0.196	-0.072	0.193	1
	显著性（双侧）	*				
	n	99	99	99	99	99

注：显著性一栏 * 表示 $p<0.05$，即在 0.05 水平上显著相关，无 * 则是 $p>0.05$。

1. 平均杆数与开球距离、上球道率、标 on 率及推杆数的相关性分析

从表 2-1 可以看出，2012 年 LPGA 球员每轮平均杆数与开球距离、上球道率、标 on 率及每轮平均推杆数的统计结果。每轮平均杆数与其他技术的相关显著性（$p<0.05$），所以平均杆数与开球距离在 0.05 水平上呈显著性相关，平均杆数与其他指标的相关性都具有统计学意义。每轮平均杆数与其他技术指标的相关系数 r 分别是 -0.227、-0.279、-0.751 和 0.425。从高尔夫球运动的实际情况来看，开球距离越远、上球道率和标 on 率越高，其总杆数就会越低；而每轮的平均推杆数与每轮的总杆数是正相关，即每轮推杆数越高则每轮的平均杆数就会越大。影响高尔夫杆数的因素从大到小分别是标准上果岭率、每轮推杆次数、开球的准确性和开球的距离。

（1）每轮杆数与每轮的标 on 率的相关性分析。每轮杆数系数与每轮的标 on 率的相关系数 $r=-0.751$，达到了非常高的相关性。因此，每轮的标 on 率是影响其每轮平均杆数的最主要因素。分析其原因主要包括以下 4 点。

①影响标 on 率的因素分析：进攻果岭时运用的球杆种类最多，不同的球员有不同的球杆选择。击球时影响击球效果的相关因素较多，除了球杆的选择以外，还有自然环境状况、天气状况、果岭上洞杯的位置及击球现场的人文环境等因素。球员自身的状态：精神状态、身体状态（身体健康状况、生理周期、体能状况等）、心理状态、竞技状态和竞技水平。同组球员的状态：主要是同组球员的竞技能力的发挥对球员造成的影响。综合以上原因，每轮标 on 率对每轮击球杆数影响最大，相关关系最为紧密。

②标 on 率低，其平均杆数增加的概率就大。如果球员标 on 率越低，那么其在上果岭前的击球次数就会越多，其所用杆数就会越多，致使其每洞的杆数会相应增加，其总杆数自然会增加。如果球员以标准杆或低于标准杆上果岭的比例较低，则其抓到小鸟球和老鹰球的机会就会大大减少，甚至保平标准杆都会变得比

较困难，其每洞击球的总杆数就会增加。

③标 on 率会影响推杆的杆数，进而影响每轮的总杆数。球员以标准杆或低于标准杆上果岭的比例越高，其推杆抓到小鸟球和老鹰球的概率就相应增加，保平标准杆是比较容易做到的，其推杆总杆数就会相应地比标准推杆数少，所以其标准杆上果岭越高，其每轮获得较低杆数的概率就会增大。如果其标 on 率较高，其上果岭效果较差，其每洞只能保平标准杆，总推杆数反而会相对增加，但其每洞的总杆数不会增加。如果其标 on 率较低，但其在果岭周边长草救球和果岭周边沙坑救球能力较强，其直接切进得到小鸟球和保平标准杆的概率增加，所用推杆的次数反而会减少，但其每洞击球的总杆数通常只是能够保平标准杆或者高于标准杆。

（2）每轮杆数与每轮推杆数的相关性分析。每轮的平均杆数与每轮平均推杆数的相关系数 $r=0.425$，表明每轮推杆数越高，则每轮杆数越高。原因见"标 on 率会影响推杆的杆数，进而影响每轮的总杆数"。

2. 开球距离与平均杆数、上球道率、标 on 率及每轮平均推杆数的相关性分析

表 2-1 的 2012 年 LPGA 球员开球距离与每轮平均杆数、上球道率、标 on 率及每轮平均推杆数的相关系数 r 分别是 -0.227、-0.645、0.380 和 0.196，而经过统计学检验，开球距离与每轮杆数、上球道率和标 on 率在 0.05 水平上呈显著性相关，而开球距离与推杆数的相关性不具有统计学意义。从高尔夫运动实际情况来看，开球距离越远其总杆数就会越低，开球距离越远其上球道率就会越低，开球距离越远其标 on 率就会越高，而每轮的平均推杆数与每轮的开球距离呈正相关（每轮开球距离越远，则每轮的平均杆数就会越小）。因此，高尔夫开球距离对其他指标的影响从大到小依次为开球的准确性、标准上果岭率、每轮杆数和每轮的推杆数，而开球距离与推杆数的相关性不具有统计学意义。原因包括：开球距离越远，在 5 杆洞的第 2 杆就有机会进攻果岭、4 杆洞进攻果岭的距离就会更近一些，球员进攻果岭时选用的球杆就会短一些，获得较好进攻果岭效果的概率就会增大，进而为推杆创造良好的条件，最终转化为较低的杆数。

3. 上球道率与平均杆数、开球距离、标 on 率及每轮平均推杆数的相关性分析

表 2-1 的 2012 年 LPGA 球员上球道率与每轮平均杆数、开球距离、标 on 率及每轮平均推杆数的相关系数 r 分别是 -0.279、-0.645、0.225 和 -0.072。从统

计学角度分析，上球道率与每轮平均杆数、开球距离及标 on 率在 0.05 水平上呈显著相关，具有统计学意义；而上球道率与每轮推杆次数，不具有统计学意义（$p<0.05$），所以就不再分析与每轮推杆数的相关关系了。上球道率其他参数的相关性从高到低依次是开球距离、平均杆数、每轮标 on 率和每轮推杆次数。上球道率越高，其开球距离就越近；上球道率越低，其开球距离就越远。其原因在于球道是固定的，如果开球时偏出的方向相同，那么开球距离越远其偏离球道中心就会越远，进而偏出球道的概率就大；相反，同样的偏差角度，开球距离越近，球停在球道上的概率就会越大，从技术统计角度看球员开球的准确性就会越高。

上球道率与平均杆数、标 on 率的相关性都较低，但其并不是毫无意义的，其开球的准确性对杆数和标 on 率还是有一定作用的；但开球的准确性与推杆数之间是没有统计学意义的。

4. 标 on 率与每轮杆数、开球距离、上球道率及推杆数的相关性分析

由表 2-1 可知，2012 年 LPGA 球员标 on 率与每轮平均杆数、开球距离、上球道率及每轮平均推杆数的相关系数 r 分别是 -0.751、0.380、0.255 和 0.193。上球道率其他参数的相关性从高到低依次是平均每轮杆数、开球距离和每轮推杆数。标 on 率与每轮杆数的相关性达到 -0.751，说明标 on 率对整个杆数的影响最大，即标 on 率越高，总杆数就越低的相关性是 0.751。原因见"每轮杆数与每轮的标 on 率的相关性分析"。开球距离对标准杆 on 果岭率的影响达到了 0.38，是第二个重要的因素。开球的准确性对标 on 率的作用列第三位，这也从侧面反映了开球距离的重要性。

标 on 率与推杆次数的相关性 r 只有 0.193，表明推杆次数受标 on 率影响较小，且标 on 率与推杆数的相关显著性检验 $p>0.05$，所以其相关性不具有统计学意义，也就是说标 on 率与每轮推杆次数的多少没有必然联系。原因包括：推杆技术相对于其他技术是独立的，受其他技术影响较小，其受果岭周边击球效果的影响较大，果岭周边击球效果越好其推杆次数就会越少，整个击球杆数会随之下降。

5. 每轮平均推杆数与其他参数的相关性分析

每轮推杆数与平均杆数、开球距离、上球道率及标准杆 on 果岭率的相关性 r 值分别是 0.425、0.196、-0.072 和 0.193，所以每轮推杆数与其他参数的相关性依次是平均杆数、开球距离、标 on 率和上球道率，但是从统计学角度分析每轮推杆数与开球距离、标 on 率及上球道率不具有统计学意义，只有每轮的推杆数

与每轮的平均杆数的相关性具有统计学意义。原因见"上球道率与平均杆数、开球距离、标 on 率及每轮平均推杆数的相关分析"。

（二）2013 年 LPGA 杆数排名前 100 名球员的各项技术指标相关关系（表 2-2）

表 2-2 2013 年 LPGA 杆数排名前 100 球员的各项技术参数相关性数据

主因素		平均杆数	开球距离	上球道率	标 on 率	推杆数
平均杆数	Pearson 相关性	1	−0.277	−0.308	−0.800	0.323
	显著性（双侧）		*	*	*	*
	n	100	100	100	100	100
开球距离	Pearson 相关性	−0.277	1	−0.626	0.461	0.305
	显著性（双侧）	*		*	*	*
	n	100	100	100	100	100
上球道率	Pearson 相关性	−0.308	−0.626	1	0.170	−0.225
	显著性（双侧）	*	*			*
	n	100	100	100	100	100
标 on 率	Pearson 相关性	−0.800	0.461	0.170	1	0.264
	显著性（双侧）	*	*			*
	n	100	100	100	100	100
推杆数	Pearson 相关性	0.323	0.305	−0.225	0.264	1
	显著性（双侧）	*	*	*	*	
	n	100	100	100	100	100

注：显著性一栏 * 表示 $p<0.05$，即在 0.05 水平上显著相关，无 * 则表示 $p>0.05$。

1. 每轮平均杆数与开球距离、上球道率、标 on 率及每轮平均推杆数的相关性

由表 2-2 可知，2013 年 LPGA 球员每轮平均杆数与开球距离、上球道率、标 on 率及每轮平均推杆数，每轮平均杆数与其他技术的相关显著性 p 值均小于 0.05，即 2013 年平均每轮杆数与其他指标在 0.05 水平上都具有显著相关性，具有统计学意义。每轮平均杆数与其他技术指标的相关系数 r 分别是−0.227、−0.308、−0.800 和 0.323。从高尔夫球运动的实际情况看，结果表明开球距离越远、上球道率越高和标 on 率越高，其总杆数越低；而每轮的平均推杆数与每轮的总杆数呈正相关，即每轮推杆数越高则每轮的平均杆数就越大。2013 年影响平均杆数的因素从大到小依次是标准上果岭率、每轮平均推杆次数、开球的准确性和开球的距离。

（1）每轮的标 on 率与每轮平均杆数的相关性分析。每轮的标 on 率与每轮平均杆数的相关系数 $r=-0.800$，达到了非常高的水平，它是影响每轮平均杆数的最主要因素，标 on 率越高其杆数越低的相关性达到 0.8。原因分析参见"每轮推杆数与每轮标 on 率的相关性分析"。

（2）每轮的平均推杆数与每轮平均杆数的相关性分析。每轮的平均推杆数与每轮平均杆数的相关系数 $r=0.323$，即每轮推杆数越高其总杆数越高的相关性为 0.323。

2. 开球距离与每轮平均杆数、上球道率、标 on 率及每轮平均推杆数的相关性

由表 2-2 可知，2013 年 LPGA 球员开球距离与每轮平均杆数、上球道率、标 on 率及每轮平均推杆数的相关系数 r 分别是 -0.277、-0.626、0.461 和 0.305。经过统计学检验，开球距离与每轮平均杆数、每轮平均推杆数、上球道率和标 on 率在 0.05 水平都具有统计学意义。从高尔夫球运动实际情况看，其结果表明开球距离越远总杆数就会越低，开球距离越远其上球道率就会越低，开球距离越远其标 on 率就会越高，而每轮的平均推杆数与每轮的开球距离呈正相关，即每轮开球距离越远则每轮的平均杆数越小。高尔夫开球距离对其他指标的影响从大到小依次是开球的准确性、标准上果岭率、每轮推杆数和每轮杆数。

3. 上球道率（精准性）与平均杆数、开球距离、标 on 率及每轮平均推杆数的相关性

由表 2-2 可知，2013 年 LPGA 球员上球道率与每轮平均杆数、开球距离、标 on 率及每轮平均推杆数的相关系数 r 分别是 -0.308、-0.626、0.170 和 -0.225。经统计学分析，上球道率与每轮平均杆数、开球距离、标 on 率及每轮平均推杆数具有显著相关性，而上球道率与每轮标 on 率不具有统计学意义（$p>0.05$），所以就不再分析与每轮标 on 率的相关关系了。上球道率与其他参数的相关性从高到低依次是开球距离、平均杆数和每轮推杆数，即上球道率越高，其开球距离越近。其原因参见上文，此处不再赘述。

上球道率与平均杆数、平均每轮推杆数相关性都较低，但其并不是毫无意义，其开球的准确性对杆数和推杆数还是有一定的作用。

4. 标 on 率与平均每轮杆数、开球距离、上球道率及每轮平均推杆数的相关性

由表 2-2 可知，2013 年 LPGA 球员标 on 率与每轮平均杆数、开球距离、上球道率及每轮平均推杆数的相关系数 r 分别是 -0.800、0.461、0.170 和 0.264。经统计学分析，标 on 率与开球的准确性的相关性不具有统计学意义（$p>0.05$），其他指标与标 on 率在 0.05 水平上呈显著相关。

标 on 率与推杆次数的相关性 $r=0.264$，表明推杆次数受标 on 率影响较小。原因在于，相对于其他技术而言，推杆技术是一项独立的技术，受其他技术影响较小，其受果岭周边击球效果的影响较大，果岭周边击球效果越好其推杆次数就会越少，整个击球杆数就会下降。

5. 每轮平均推杆数与其他参数的相关性

每轮推杆数与平均杆数、开球距离、上球道率、标准杆 on 果岭率的相关性 r 值分别是 0.323、0.305、-0.225 和 0.264，所以每轮推杆数与其他参数的相关性依次是平均杆数、开球距离、标 on 率和上球道率。从统计学角度分析，2013 年的每轮推杆数与开球距离、标 on 率及上球道率都具有统计学意义，但其相关性都处在较低的水平，这表明推杆数是相对独立的，受其他技术的影响不大。

（三）2014 年 LPGA 杆数排名前 100 名球员的各项技术指标相关关系（表 2-3）

表 2-3　2014 年 LPGA 杆数排名前 100 名球员的各项技术参数相关性数据

主因素		平均杆数	开球距离	上球道率	标 on 率	推杆数
平均杆数	Pearson 相关性	1	-0.155	-0.250	0.349	-0.652
	显著性（双侧）			*	*	*
	n	100	100	100	100	100
开球距离	Pearson 相关性	-0.250	-0.482	1	0.279	0.437
	显著性（双侧）	*	*		*	*
	n	100	100	100	100	100
上球道率	Pearson 相关性	-0.155	1	-0.482	-0.033	0.125
	显著性（双侧）			*		
	n	100	100	100	100	100

续表

主因素		平均杆数	开球距离	上球道率	标 on 率	推杆数
标 on 率	Pearson 相关性	-0.652	0.125	0.437	1	0.340
	显著性（双侧）	*		*		*
	n	100	100	100	100	100
推杆数	Pearson 相关性	0.349	-0.033	0.279	0.340	1
	显著性（双侧）	*		*	*	
	n	100	100	100	100	100

注：显著性一栏 * 表示 $p<0.05$，即在 0.05 水平上显著相关，无 * 则表示 $p>0.05$，即相关性不显著。

1. 平均杆数与开球距离、上球道率、标 on 率及每轮平均推杆数的相关性

由表 2-3 可知 2014 年 LPGA 球员每轮平均杆数与开球距离、上球道率、标 on 率及每轮平均推杆数，每轮平均杆数与开球距离、标 on 率及每轮平均推杆数相关显著性 p 值均小于 0.05，每轮平均杆数与开球准确性相关显著性 p 值大于 0.05，即 2014 年平均每轮杆数与标 on 率、每轮推杆数在 0.05 水平上呈显著相关，具有统计学意义，而开球的准确性与每轮杆数不具有显著相关性，所以就不再做进一步分析。每轮杆数与开球距离、上球道率、标 on 率及每轮推杆数的相关系数 r 分别是 -0.155、-0.250、0.349、-0.652。2014 年影响平均杆数的因素从大到小依次是标准上果岭率、每轮推杆次数、开球的距离和开球的准确性。

（1）每轮的标 on 率与每轮杆数的相关性分析。每轮的标 on 率与每轮杆数的相关系数 $r=-0.652$，达到了较高的相关性，是影响每轮平均杆数的最主要因素。原因分析见"每轮杆数与每轮的标 on 率的相关性分析"。

（2）每轮的推杆数与每轮杆数的相关性分析。每轮的推杆数与平均杆数的相关系数 $r=0.349$，即每轮推杆数越低则平均杆数越低的相关性为 0.349。

（3）每轮杆数与每轮开球距离的相关性分析。开球距离越远，则平均杆数越低的相关性系数为 0.25。

2. 开球距离与平均杆数、上球道率、标 on 率及每轮平均推杆数的相关性分析

由表 2-3 可知，2014 年 LPGA 球员开球距离数与每轮平均杆数、上球道率、标 on 率及每轮平均推杆数的相关系数 r 分别是 -0.250、-0.482、0.279 和 0.437。经过统计学检验，开球距离与每轮杆数、上球道率、标 on 率和每轮推杆

数都具有统计学意义的显著相关性（$p>0.05$）。从高尔夫球运动实际情况来看，开球距离越远则总杆数就越低，开球距离越远则上球道率就越低，开球距离越远则标 on 率就越高，而每轮的平均推杆数与每轮的开球距离呈正相关，即每轮开球距离越远则每轮的平均杆数就会越低。一号木杆开球距离对其他指标的影响从大到小依次是开球的准确性、标准上果岭率、每轮推杆数和每轮杆数。

3. 上球道率与平均杆数、开球距离、标 on 率及每轮平均推杆数的相关性

由表 2-3 可知，2014 年 LPGA 球员上球道率与每轮平均杆数、开球距离、标 on 率及每轮平均推杆数的相关系数 r 分别是 -0.155、-0.482、-0.033 和 0.125。从统计学角度分析，上球道率与每轮平均杆数、开球距离、标 on 率及每轮平均推杆数的相关显著，上球道率与平均杆数、标 on 率及推杆数的相关关系的显著性检验 p 值均大于 0.05，不具有统计学意义。2014 年开球精准度只与开球距离存在相关关系，即上球道率越高与开球距离越远的相关性为 0.482。上球道率与其他参数的相关性从高到低依次是开球距离、平均杆数和每轮推杆数，即上球道率越高，其开球距离就越近。其原因同上文所述，此处不再赘述。

4. 标 on 率与平均每轮杆数、开球距离、上球道率及每轮平均推杆数的相关性

由表 2-3 可知，2014 年 LPGA 球员标 on 率与每轮平均杆数、开球距离、上球道率及每轮平均推杆数的相关系数 r 分别是 -0.652、0.125、0.437 和 0.340。经过统计学检验，结果显示标 on 率与开球的准确性不具有统计学意义，其他指标与标 on 率在 0.05 水平上呈显著相关。

标 on 率与推杆次数的相关性 $r=0.340$，表明推杆次数受标 on 率影响的程度。分析其原因在于，相对于其他技术，推杆技术是相对独立的技术，受其他技术影响较小，而受击球上果岭率的效果和果岭周边击球效果的影响较大，果岭周边击球效果越好则推杆次数越少，整个击球杆数就会下降。

5. 每轮平均推杆数与其他参数的相关性分析

每轮推杆数与平均杆数、开球距离、上球道率、标准杆 on 果岭率的相关性 r 值分别是 0.349、-0.033、0.279 和 0.340，所以每轮推杆数受其他因素影响的大小依次是平均杆数、标 on 率、开球距离和上球道率。从统计学角度分析，2014 年的每轮推杆数与平均杆数、标 on 率和开球距离具有统计学意义的显著相关性，而与上球道率的相关性不具有统计学意义。

(四) 2015年LPGA杆数排名前100名球员的各项技术指标相关关系（表2-4）

表2-4 2015年LPGA杆数排名前100名的球员各项技术参数相关性数据

主因素		平均杆数	开球距离	上球道率	标on率	推杆数
平均杆数	Pearson相关性	1	-0.232	-0.257	-0.749	0.323
	显著性（双侧）		*	*	*	*
	n	100	100	100	100	100
开球距离	Pearson相关性	-0.232	1	-0.669	-0.296	0.117
	显著性（双侧）	*		*	*	
	n	100	100	100	100	100
上球道率	Pearson相关性	-0.257	-0.669	1	0.247	-0.011
	显著性（双侧）	*	*		*	*
	n	100	100	100	100	100
标on率	Pearson相关性	-0.749	0.296	0.247	1	0.348
	显著性（双侧）	*	*	*		*
	n	100	100	100	100	100
推杆数	Pearson相关性	0.323	0.117	-0.051	0.348	1
	显著性（双侧）	*			*	
	n	100	100	100	100	100

注：显著性一栏 * 表示 $p<0.05$，即在0.05水平上显著相关，无 * 则表示 $p>0.05$，即不具有统计学意义的相关性。

1. 平均杆数与开球距离、上球道率、标on率及每轮平均推杆数的相关性

由表2-4可知，2015年LPGA球员每轮平均杆数与开球距离、上球道率、标on率及每轮平均推杆数的统计结果，每轮平均杆数与其他技术的相关显著性 p 值均小于0.05，即2015年平均每轮杆数与开球距离、开球的准确性、标on率及每轮推杆数在0.05水平具有统计学意义的显著相关性。每轮平均杆数与开球距离、上球道率、标on率及每轮推杆数的相关系数 r 分别是-0.232、-0.257、-0.749和0.323。因此，2015年影响其平均杆数的因素从大到小依次是标准上果岭率、每轮推杆次数、开球的距离和开球的准确性。

(1) 每轮平均杆数与每轮的标 on 率的相关性。每轮的平均杆数与每轮的标 on 率的相关系数 $r=-0.749$，达到了较高的相关性，即每轮标 on 率越高与获得较低杆数相关性是 0.749，它是影响每轮平均杆数的最主要因素。原因见"每轮杆数与每轮的标 on 率的相关性分析"。

(2) 每轮平均杆数与每轮平均推杆数的相关性。每轮的平均推杆数与每轮平均杆数的相关系数 $r=0.323$，即每轮推杆数越高其平均杆数就越高的相关性是 0.323。

(3) 每轮平均杆数与每轮上球道率的相关性分析。每轮平均杆数与开球平均精准性的相关系数为 $r=-0.232$，它们呈负相关，即上球道率越高其每轮平均杆数就会越低，相关度为 0.232，属于低度相关。

(4) 每轮平均杆数与每轮开球距离的相关性分析。开球距离与平均杆数的相关系数 $r=-0.257$，即开球距离越远其每轮平均杆数就越低，相关度为 0.257。

2. 开球距离与平均杆数、上球道率、标 on 率及推杆数的相关性

由表 2-4 可知，2015 年 LPGA 球员开球距离数与每轮平均杆数、上球道率、标 on 率及每轮平均推杆数的相关系数 r 分别是 -0.232、-0.669、-0.296 和 0.117。而经过统计学检验，开球距离与每轮杆数、上球道率和标 on 率都具有统计学意义（$p<0.05$），而开球距离与每轮平均推杆数的相关性不具有统计学意义（$p>0.05$），即推杆与开球距离的相互关联不大。从高尔夫运动实际情况来看，开球距离越远其总杆数就会越低，开球距离越远其上球道率就会越低，开球距离越远其标 on 率就会越高。一号木杆开球距离对其他指标的影响从大到小依次是开球的准确性、标准上果岭率和每轮杆数。

3. 上球道率与平均杆数、开球距离、标 on 率及每轮平均推杆数的相关性

由表 2-4 可知，2015 年 LPGA 球员上球道率与每轮平均杆数、开球距离、标 on 率及每轮平均推杆数的相关系数分别是 -0.257、0.669、0.247 和 -0.011，从统计学角度分析，上球道率与每轮平均杆数、开球距离、标 on 率及每轮平均推杆数的相关显著性，上球道率与每轮平均推杆数的 p 值大于 0.05，其相关性不具有统计学意义，即开球的准确性与每轮推杆数无显著性相关，所以就不再分析。上球道率与其他参数的相关性从高到低依次是开球距离、平均杆数和每轮推杆数，即上球道率越高，其开球距离越近。其原因同上文，此处不再赘述。

上球道率与平均杆数、平均每轮推杆数相关性都较低，但其并不是毫无意义，开球的准确性对杆数和推杆数还是有一定的作用。

4. 标 on 率与其他参数的相关性

由表 2-4 可知，2015 年 LPGA 球员标 on 率与每轮平均杆数、开球距离、上球道率及每轮平均推杆数的相关系数 r 分别是 -0.749、0.296、0.247 和 0.348。经过统计学分析，标 on 率与其他指标在 0.05 水平上具有显著相关性。

标 on 率与其他指标相关关系由大到小分依次为每轮平均杆数、每轮平均推杆数、开球距离和开球的准确性。

标 on 率与推杆次数的相关性 $r=0.348$，表明了推杆次数受标 on 率影响较小。其原因在于，相对于其他技术而言，推杆技术是一项独立的技术，受其他技术影响较小，而受果岭周边击球效果的影响较大，果岭周边击球效果越好则推杆次数就会越少，整个击球杆数会下降。

5. 每轮平均推杆数与其他参数的相关性分析

每轮推杆数与平均杆数、开球距离、上球道率、标准杆 on 果岭率的相关性 r 值分别是 0.323、-0.051、0.117 和 0.348，经统计学检验，每轮推杆数与开球的平均距离、开球的准确性不具有统计学意义的显著相关性，2015 年的每轮推杆数与标 on 率和平均杆数具有统计学意义的显著相关性。因此，每轮平均推杆数与其他参数的相关性依次是平均杆数和标 on 率。

（五）2016 年 LPGA 杆数排名前 100 名球员的各项技术技术统计指标相关关系（表 2-5）

表 2-5　2016 年 LPGA 杆数排名前 100 名球员的各项技术参数相关性数据

主因素		平均杆数	开球距离	上球道率	标 on 率	推杆数
平均杆数	Pearson 相关性	1	-0.237	-0.287	-0.727	0.261
	显著性（双侧）		*	*	*	*
	n	100	100	100	100	100
开球距离	Pearson 相关性	-0.237	1	-0.540	0.408	0.241
	显著性（双侧）	*		*	*	*
	n	100	100	100	100	100

续表

主因素		平均杆数	开球距离	上球道率	标on率	推杆数
上球道率	Pearson 相关性	-0.287	-0.540	1	0.270	0.007
	显著性（双侧）	*	*		*	
	n	100	100	100	100	100
标on率	Pearson 相关性	-0.727	0.408	0.270	1	0.401
	显著性（双侧）	*	*	*		*
	n	100	100	100	100	100
推杆数	Pearson 相关性	0.261	0.241	0.007	0.401	1
	显著性（双侧）	*	*		*	
	n	100	100	100	100	100

注：显著性一栏 * 表示 $p<0.05$，即在 0.05 水平上显著相关，无 * 则表示 $p>0.05$，即不具有统计学意义的显著相关性。

1. 平均杆数与开球距离、上球道率、标 on 率及每轮平均推杆数的相关性

由表 2-5 可知，2016 年 LPGA 球员每轮平均杆数与开球距离、上球道率、标 on 率及每轮平均推杆数的统计结果，每轮平均杆数与其他技术的相关显著性 p 值均小于 0.05，即 2016 年每轮杆数与标 on 率、每轮推杆数、开球距离与上球道率均在 0.05 水平上具有显著相关性，具有统计学意义。每轮平均杆数与开球距离、上球道率、标 on 率及每轮推杆数的相关系数 r 分别是 -0.237、-0.287、-0.727 和 0.261。因此，2016 年影响平均杆数的因素从大到小依次是标准上果岭率、开球的准确性、每轮推杆次数和开球的距离。

（1）每轮平均杆数与每轮的标 on 率的相关性分析。每轮的平均杆数与每轮的标 on 率的相关系数 $r=-0.727$，达到较高的相关性，即每轮标 on 率越高则获得较低杆数的可能性就越大，两者的相关性是 0.727，它是影响每轮平均杆数的最主要因素。

（2）每轮平均杆数与每轮上球道率的相关性分析。上球道率与平均杆数的相关系数 $r=-0.287$，它与每轮杆数的相关性排在第 2 位，即上球道率越高其平均杆数越低，两者的相关性为 0.287，属于低度相关。可能的原因是 2016 年的上球道率较低，所以开球的准确性对杆数的影响更大一些。

（3）每轮平均杆数与每轮推杆数的相关性分析。每轮的平均推杆数与每轮

平均杆数的相关系数 $r=0.261$，即每轮推杆数越高则平均杆数就越高，二者的相关性为 0.261，属于低度相关。

（4）每轮平均杆数与开球距离的相关性分析。每轮平均杆数与开球距离的相关系数 $r=-0.237$，排在 2016 年影响平均杆数的第 4 位，两者呈负相关关系，即开球距离越远则每轮平均杆数越低，每轮平均杆数与开球距离的相关性是 0.237。原因在于，开球的距离远，为球员进攻果岭创造有利条件，促使标 on 率有所提高，从而达到总体杆数减少，所以其对每轮平均杆数的影响最小。

2. 开球距离与平均杆数、上球道率、标 on 率及每轮平均推杆数的相关性

由表 2-5 可知，2016 年 LPGA 球员开球距离与每轮平均杆数、上球道率、标 on 率及每轮平均推杆数的相关系数 r 分别是 -0.237、-0.540、0.408 和 0.241。而经过统计学检验，开球距离与每轮杆数、上球道率、标 on 率和每轮平均推杆数都具有统计学意义。从高尔夫球运动实际情况来看，开球距离越远则总杆数越低，开球距离越远其上球道率越低，开球距离越远其标 on 率就越高。一号木杆开球距离对其他指标的影响从大到小依次是开球的准确性、标准上果岭率、每轮推杆数及每轮的平均杆数。

3. 上球道率与平均杆数、开球距离、标 on 率及每轮平均推杆数的相关性

由表 2-5 可知，2016 年 LPGA 球员上球道率与每轮平均杆数、开球距离、标 on 率及每轮平均推杆数的相关系数 r 分别是 -0.287、-0.540、0.270 和 0.007。从统计学角度分析，上球道率与每轮平均杆数、开球距离、标 on 率及每轮平均推杆数的相关性，上球道率与每轮平均推杆数的 p 值大于 0.05，其相关性不具有统计学意义，即开球的准确性与每轮推杆数无显著相关性。上球道率与其他参数的相关性从高到低依次为开球距离、平均杆数和每轮标 on 率。

4. 标 on 率与平均每轮杆数、开球距离、上球道率及每轮平均推杆数的相关性

由表 2-5 可知，2016 年 LPGA 球员标 on 率与每轮平均杆数、开球距离、上球道率及每轮平均推杆数的相关系数 r 分别是 -0.727、0.408、0.270 和 0.401。经过统计学检验，标 on 率与其他指标在 0.05 水平上具有显著相关性。标 on 率与其他指标相关关系由大到小依次为每轮平均杆数、每轮平均推杆数、开球距离和开球的准确性。标 on 率与推杆次数的相关性 $r=0.401$，表明推杆次数受标 on 率影响达到了 0.401。

5. 每轮平均推杆数与其他参数的相关性

每轮推杆数与平均杆数、开球距离、上球道率、标准杆 on 果岭率的相关性 r

值分别是 0.261、0.241、0.007 和 0.401，经统计学检验，每轮推杆数与开球的准确性的显著性 p 值为 0.994，大于 0.05，所以每轮推杆数与上球道率的相关性不具有统计学意义的显著相关性。2016 年每轮推杆数与开球距离、每推杆数和标 on 率具有统计学意义。

因此，每轮平均推杆数与其他参数的相关性依次是标 on 率、每轮平均杆数和开球距离。

（六）2017 年 LPGA 杆数排名前 100 名球员的各项技术指标相关关系（表 2-6）

表 2-6　2017 年 LPGA 杆数排名前 100 名球员的各项技术参数相关性数据

主因素		平均杆数	开球距离	上球道率	标 on 率	推杆数
平均杆数	Pearson 相关性	1	−0.240	−0.188	−0.727	0.407
	显著性（双侧）		*		*	*
	n	100	100	100	100	100
开球距离	Pearson 相关性	−0.240	1	−0.687	0.280	0.213
	显著性（双侧）	*		*	*	*
	n	100	100	100	100	100
上球道率	Pearson 相关性	−0.188	−0.687	1	0.212	−0.104
	显著性（双侧）		*		*	
	n	100	100	100	100	100
标 on 率	Pearson 相关性	−0.727	0.280	0.212	1	0.272
	显著性（双侧）	*	*	*		*
	n	100	100	100	100	100
推杆数	Pearson 相关性	0.407	0.213	−0.104	0.272	1
	显著性（双侧）	*	*		*	
	n	100	100	100	100	100

注：显著性一栏 * 表示 $p<0.05$，即在 0.05 水平上显著相关，无 * 则表示 $p>0.05$。

1. 2017 年 LPGA 球员每轮平均杆数与开球距离、上球道率、标 on 率及每轮平均推杆数相关性

由表 2-6 可知，2017 年 LPGA 球员每轮平均杆数与开球距离、上球道率、标 on 率及每轮平均推杆数的统计结果，每轮平均杆数与其他技术的相关显著性检验 p 值分别为 0.056、0.061、0.000 和 0.000，即 2017 年每轮平均杆数与标 on 率、每轮推杆数在 0.05 水平上具有统计学意义的显著相关性，开球距离与每轮杆数的相关性在 0.05 水平是具有相关性，而开球的准确性与每轮平均杆数不具有显著相关性。每轮平均杆数与开球距离、上球道率、标 on 率及每轮推杆数的相关系数 r 分别是 -0.240、-0.188、-0.727 和 0.407。2017 年影响平均杆数的因素从大到小依次是标准上果岭率、每轮推杆次数、开球的距离和上球道率。

(1) 每轮平均杆数与每轮的标 on 率的相关性分析。每轮的平均杆数与每轮的标 on 率的相关系数 $r=-0.727$，达到了较高的相关性，即每轮标 on 率越高，获得较低杆数的概率为 72.7%，它是影响每轮平均杆数的最主要因素。原因见"每轮杆数与每轮的标 on 率的相关性分析"。

(2) 每轮平均杆数与每轮上球道率的相关性分析。每轮平均杆数与开球的平均准确性的相关系数 $r=-0.188$，排在 2017 年影响平均杆数的第四位，且不具有统计学意义的显著相关性。原因在于 2017 年开球的准确性较好（8 年内平均上球道率最高），标 on 率也因此受到影响，所以对每轮杆数的影响减小，小于每轮开球距离对每轮平均杆数造成的影响。

(3) 每轮平均杆数与每轮推杆数的相关性分析。每轮的平均推杆数与每轮平均杆数的相关系数 $r=0.407$，即每轮推杆数越高，平均杆数越高的概率是 40.7%，而每轮推杆数越低，每轮获得较低平均杆数的概率在 40.7%，呈中度相关。

(4) 每轮平均杆数与每轮开球距离的相关性分析。开球距离与平均杆数的相关系数 $r=-0.240$，即开球距离越远则平均杆数越低，概率为 23.7%，属于低度相关。

2. 开球距离与平均杆数、上球道率、标 on 率及每轮平均推杆数的相关性

由表 2-6 可知，2017 年 LPGA 球员开球距离数与每轮平均杆数、上球道率、标 on 率及每轮平均推杆数的相关系数 r 分别是 -0.240、-0.687、0.280 和 0.213。经过统计学检验，开球距离与每轮杆数、上球道率、标 on 率和每轮平均推杆数都具有统计学意义。从高尔夫球运动实际情况来看，开球距离越远则总杆数越低，开球距离越远则上球道率越低，开球距离越远则标 on 率越高。一号木杆开球距离对其他指标的影响从大到小依次是开球的准确性、标准上果岭率、每轮平均杆数及每轮推杆数。

3. 上球道率与平均杆数、开球距离、标 on 率及每轮平均推杆数的相关性

由表 2-6 可知，2017 年 LPGA 球员上球道率与每轮平均杆数、开球距离、标 on 率及每轮平均推杆数的相关系数 r 分别是 -0.188、-0.687、0.212 和 -0.104。从统计学角度分析，上球道率与每轮平均杆数、开球距离、标 on 率及每轮平均推杆数的相关性，上球道率与每轮平均杆数及每轮推杆数的 p 值均大于 0.05，其相关性不具有统计学意义，即开球的准确性与每轮杆数及每轮推杆数无显著相关关系。上球道率与其他参数的相关性从高到低依次是开球距离和每轮标 on 率。

4. 标 on 率与平均每轮杆数、开球距离、上球道率及每轮平均推杆数的相关性

由表 2-6 可知，2017 年 LPGA 球员标 on 率与每轮平均杆数、开球距离、上球道率及每轮平均推杆数的相关系数 r 分别是 -0.727、0.280、0.212 和 0.272。经过统计学检验，标 on 率与每轮平均杆数、开球距离及每轮平均推杆数在 0.05 水平呈显著性相关，而与开球的准确性在 0.05 水平具有相关性。标 on 率与其他指标相关关系由大到小依次为每轮平均杆数、开球距离、每轮平均推杆数和开球的准确性。

5. 每轮平均推杆数与其他参数的相关性

每轮推杆数与平均杆数、开球距离、上球道率、标准杆 on 果岭率的相关性 r 值分别是 0.407、0.213、-0.104 和 0.272，经统计学检验，每轮推杆数与开球的准确性的显著性 p 值大于 0.05，所以每轮推杆数与上球道率的相关性不具有统计学意义的显著相关性，2017 年每轮推杆数与开球距离、每轮杆数和标 on 率都具有统计学意义。因此，每轮平均推杆数与其他参数的相关性依次是每轮平均杆数、标 on 率、开球距离和上球道率。

（七）2018年LPGA杆数排名前100名球员的各项技术指标相关关系（表2-7）

表2-7 2018年LPGA杆数排名前100名球员的各项技术参数相关性数据

主因素		平均杆数	开球距离	上球道率	标on率	推杆数
平均杆数	Pearson相关性	1	−0.165	−0.322	−0.755	0.247
	显著性（双侧）			*	*	*
	n	100	94	100	100	100
开球距离	Pearson相关性	−0.322	−0.564	1	0.367	0.161
	显著性（双侧）	*	*		*	
	n	100	94	100	100	100
上球道率	Pearson相关性	−0.165	1	−0.563	0.164	−0.036
	显著性（双侧）			*		
	n	94	94	94	94	94
标on率	Pearson相关性	−0.755	0.164	0.367	1	0.404
	显著性（双侧）	*		*		*
	n	100	94	100	100	100
推杆数	Pearson相关性	0.247	−0.036	0.161	0.404	1
	显著性（双侧）	*			*	
	n	100	94	100	100	100

注：显著性一栏 * 表示 $p<0.05$，即在0.05水平上显著相关，无 * 则表示 $p>0.05$，即不具有统计学意义的显著相关性。

1. 2018年LPGA球员每轮平均杆数与开球距离、上球道率、标on率及每轮推杆数相关性

由表2-7可知，2018年LPGA球员每轮平均杆数与开球距离、上球道率、标on率及每轮平均推杆数的统计结果显示，每轮平均杆数与开球距离、标on率及每轮推杆数相关显著性检验 p 值均小于0.05，即2018年平均每轮杆数与标on率、每轮的平均开球距离和推杆数均在0.05水平上都具有统计学意义的显著相关性。上球道率与每轮杆数的相关性 p 值大于0.05，其相关性不具有显著性。每轮平均杆数与开球距离、上球道率、标on率及每轮推杆数的相关系数 r 分别是

-0.322、-0.165、-0.755 和 0.247。2018 年影响平均杆数的因素从大到小依次是标准上果岭率、开球距离、推杆数和上球道率。

(1) 每轮的平均杆数与每轮的标 on 率的相关性分析。每轮的平均杆数与每轮的标 on 率的相关系数 $r=-0.755$，达到了较高的相关性，即每轮标 on 率越高则获得较低杆数的概率为 75.5%，它是影响其每轮平均杆数的最主要因素。

(2) 每轮平均杆数与每轮上球道率的相关性分析。每轮平均杆数与开球精准性的相关系数 $r=-0.165$，排在 2018 年影响平均杆数的第四位，且无显著性相关，不具有统计学意义。原因在于 2018 年的开球准确性较好，进而影响标 on 率，所以它对每轮杆数的影响反而减小，小于每轮开球距离对每轮平均杆数产生的影响。

(3) 每轮平均杆数与每轮推杆数的相关性分析。每轮的平均推杆数与每轮平均杆数的相关系数 $r=0.247$，即每轮推杆数越高则平均杆数越高的概率是 24.7%，每轮推杆数越低，每轮获得较低平均杆数的概率为 24.7%，属于低度相关。

(4) 每轮平均杆数与每轮开球距离的相关性分析。开球距离与平均杆数的相关系数 $r=-0.322$，即开球距离越远则平均杆数越低的相关性为 0.322。

2. 开球距离与平均杆数、上球道率、标 on 率及每轮平均推杆数的相关性

由表 2-7 可知，2018 年 LPGA 球员开球距离与每轮平均杆数、上球道率、标 on 率及每轮平均推杆数的相关系数 r 分别是 -0.322、-0.564、0.367 和 0.161。经过统计学检验，开球距离与每轮杆数、上球道率和标 on 率都具有统计学意义，而开球距离和每轮平均推杆数的相关显著性检验表明，两者不具有显著相关关系（$p>0.05$）。从高尔夫球运动实际情况来看，开球距离越远其总杆数就会越低，开球距离越远则上球道率就会越低，开球距离越远则标 on 率就会越高。一号木杆开球距离对其他指标的影响因素从大到小依次为开球的准确性、标准上果岭率、每轮平均杆数及每轮推杆数。

3. 上球道率与平均杆数、开球距离、标 on 率及每轮平均推杆数的相关性

由表 2-7 可知，2018 年 LPGA 球员上球道率与每轮平均杆数、开球距离、标 on 率及每轮平均推杆数的相关系数 r 分别是 -0.165、-0.563、0.164 和 -0.036。从统计学角度分析，上球道率与每轮平均杆数、开球距离、标 on 率及每轮平均推杆数的相关性，上球道率与每轮平均杆数、标 on 率及推杆数的 p 值均大于 0.05，其相关性不具有统计学意义，即开球的精准性与每轮杆数、标 on 率及每轮推杆数无显著相关关系。上球道率只与开球距离存在相关关系，平均开球距离越远则上球道率就越低的概率为 0.564。

4. 标 on 率与平均每轮杆数、开球距离、上球道率及每轮平均推杆数的相关性

由表 2-7 可知，2018 年 LPGA 球员标 on 率与每轮平均杆数、开球距离、上球道率及每轮平均推杆数的相关系数 r 分别是 -0.755、0.164、0.367 和 0.404。经统计学检验，结果显示标 on 率与每轮平均杆数、开球距离及每轮平均推杆数在 0.05 水平具有显著相关性，而标 on 率与开球的准确性不具有显著相关性。

标 on 率与其他指标的相关关系由大到小依次为每轮平均杆数、开球距离、每轮平均推杆数和开球的准确性，并且标 on 率与每轮平均杆数的相关性达到了高度相关，标 on 率与每轮推杆数的相关系数为 0.404，属于中度相关。

5. 每轮平均推杆数与其他参数的相关性

每轮推杆数与平均杆数、开球距离、上球道率、标准杆 on 果岭率的相关性 r 值分别是 0.247、0.161、-0.036 和 0.404。经统计学检验，每轮推杆数与开球的准确性、开球距离的显著性 p 值均大于 0.05，所以每轮推杆数与上球道率、开球距离都不具有显著相关性，2018 年每轮推杆数与每轮平均杆数和标 on 率都具有统计学意义的相关性。

因此，每轮平均推杆数与其他参数的相关性依次是每轮平均杆数、标 on 率、开球距离和上球道率。

（八）2019 年 LPGA 杆数排名前 100 名球员的各项统计指标的相关关系（表 2-8）

表 2-8　2019 年 LPGA 杆数排名前 100 名球员的各项统计指标相关性数据

主因素		平均杆数	开球距离	上球道率	标 on 率	推杆数
平均杆数	Pearson 相关性	1	-0.195	-0.139	-0.666	0.448
	显著性（双侧）				*	*
	n	100	100	100	100	100
开球距离	Pearson 相关性	-0.195	1	-0.564	0.210	0.061
	显著性（双侧）			*	*	
	n	100	100	100	100	100

续表

主因素		平均杆数	开球距离	上球道率	标 on 率	推杆数
上球道率	Pearson 相关性	-0.139	-0.564	1	0.251	0.052
	显著性（双侧）		*		*	
	n	100	100	100	100	100
标 on 率	Pearson 相关性	-0.666	0.210	0.251	1	0.312
	显著性（双侧）	*	*	*		*
	n	100	100	100	100	100
推杆数	Pearson 相关性	0.448	0.061	0.052	0.312	1
	显著性（双侧）	*			*	
	n	100	100	100	100	100

注：显著性一栏 * 表示 $p<0.05$，即在 0.05 水平上显著相关，无 * 则表示 $p>0.05$。

1. 2019 年 LPGA 球员每轮平均杆数与开球距离、上球道率、标 on 率及每轮平均推杆数相关性

由表 2-8 可知，2019 年 LPGA 球员每轮平均杆数与开球距离、上球道率、标 on 率及每轮平均推杆数的统计结果，2019 年平均每轮杆数与标 on 率和每轮的平均推杆数在 0.05 水平上都具有统计学意义的显著相关性。而开球距离、上球道率与每轮杆数的相关性的 p 值均大于 0.05，其相关性不具有显著性。每轮平均杆数与开球距离、上球道率、标 on 率及每轮推杆数的相关系数 r 分别是 -0.195、-0.139、-0.666 和 0.448。2019 年影响平均杆数的因素从大到小依次是标准上果岭率、每轮推杆数、开球距离和上球道率。

（1）每轮平均杆数与每轮的标 on 率的相关性分析。每轮的平均杆数与每轮的标 on 率的相关系数 $r=-0.666$，达到了较高的相关性，即每轮标 on 率越高其获得较低杆数的概率为 66.6%，它是影响每轮平均杆数的最主要因素。原因分析见"每轮杆数与每轮的标 on 率的相关性分析"。

（2）每轮平均杆数与每轮上球道率的相关性分析。每轮平均杆数与开球精准性的相关系数 $r=-0.139$，排在 2019 年影响平均杆数的第四位，且不具有统计学意义的显著相关性。原因在于 2019 年的平均开球距离和平均标准杆上果岭率都是近 8 年来最高的，所以开球的准确性对每轮杆数的影响率变小。

（3）每轮平均杆数与每轮推杆数的相关性分析。每轮的平均推杆数与每轮平均杆数的相关系数 $r=0.448$，即每轮推杆数越高则平均杆数越高的概率是 44.8%，每轮推杆数越低，每轮获得较低平均杆数的概率为 44.8%，呈中度相关。原因是平均推杆数越高对每轮平均杆数的影响越大，相关性也相应提高。

（4）每轮平均杆数与每轮开球距离的相关性分析。开球距离与平均杆数的相关系数 $r=-0.195$，即开球距离越远则平均杆数越低，概率为 19.5%，并且每轮平均杆数与每轮开球距离不具有显著相关性。

2. 开球距离与平均杆数、上球道率、标 on 率及每轮平均推杆数的相关性

由表 2-8 可知，2019 年 LPGA 球员开球距离与每轮平均杆数、上球道率、标 on 率及每轮平均推杆数的相关系数 r 分别是 -0.195、-0.564、0.210 和 0.061。经统计学检验，开球距离与上球道率和标 on 率具有统计学意义，而开球距离与平均每轮杆数、平均每轮推杆数的相关显著性检验（p 值均大于 0.05）表明其与它们不具有显著相关关系。从高尔夫球运动实际情况来看，开球距离越远则总杆数就越低，开球距离越远则上球道率就越低，开球距离越远则标 on 率概率就越高。一号木杆开球距离对其他指标的影响力从大到小依次是开球的准确性、标准杆上果岭率、每轮平均杆数及每轮推杆数。

3. 上球道率与平均杆数、开球距离、标 on 率及每轮平均推杆数的相关性

由表 2-8 可知，2019 年 LPGA 球员上球道率与每轮平均杆数、开球距离、标 on 率及每轮平均推杆数的相关系数 r 分别是 -0.139、-0.564、0.251 和 0.052。从统计学角度分析，上球道率与每轮平均杆数、开球距离、标 on 率及每轮平均推杆数的相关显著性，即开球的精准度只与开球距离及标 on 率呈显著相关关系（p 值小于 0.05），平均开球距离越远则上球道率就越低；开球的准确性与平均杆数及每轮推杆数没有显著相关性。

4. 标 on 率与平均每轮杆数、开球距离、上球道率及每轮平均推杆数的相关性

由表 2-8 可知，2018 年 LPGA 球员标 on 率与每轮平均杆数、开球距离、上球道率及每轮平均推杆数的相关系数 r 分别是 -0.666、0.210、0.251 和 0.312。经统计学检验，标 on 率与每轮平均杆数、开球距离及每轮平均推杆数呈显著相关。

标 on 率与其他指标相关关系由大到小依次为每轮平均杆数、每轮平均推杆数、开球的准确性和开球距离，并且标 on 率与每轮平均杆数的相关性达到了中高度相关、标 on 率与每轮推杆数的相关系数为 0.312。

5. 每轮平均推杆数与其他参数的相关性

每轮推杆数与平均杆数、开球距离、上球道率、标准杆 on 果岭率的相关性 r

值分别是 0.448、0.061、0.052 和 0.312。经统计学检验，每轮推杆数与开球距离、开球的准确性的显著性 p 值都大于 0.05，所以每轮推杆数与开球距离、上球道率无统计学意义的显著相关性。因此，每轮平均推杆数与其他参数的相关性依次是每轮平均杆数、标 on 率、开球距离和上球道率。

二、LPGA 近 8 年各项技术指标整体相关性结果分析（表 2-9）

表 2-9　LPGA 近 8 年每年的前 100 名选手各项技术指标总体相关性结果

主因素		平均杆数	开球距离	上球道率	标 on 率	推杆数
平均杆数	Pearson 相关性	1	−0.262	−0.224	−0.731	0.388
	显著性（双侧）		*	*	*	*
	n	800	800	794	800	799
开球距离	Pearson 相关性	−0.262	1	−0.452	0.338	0.098
	显著性（双侧）	*		*	*	
	n	800	800	794	800	799
上球道率	Pearson 相关性	−0.224	−0.452	1	0.199	−0.055
	显著性（双侧）	*	*		*	
	n	794	794	794	794	793
标 on 率	Pearson 相关性	−0.731	0.338	0.199	1	0.275
	显著性（双侧）	*	*	*		*
	n	800	800	794	800	799
推杆数	Pearson 相关性	0.388	0.098	−0.055	0.275	1
	显著性（双侧）	*			*	
	n	799	799	793	799	799

注：显著性一栏 * 表示 $p<0.05$，即在 0.05 水平显著相关，无 * 则表示 $p>0.05$。

2018 年杆数排名 51~100 名的球员中有 6 人的上球道率不在 LPGA 技术统计中，2012 年杆数排名 51~100 名的球员有 1 人推杆数不在技术排名统计中。

（一）近 8 年每年 LPGA 平均杆数前 100 名球员总体情况与其他指标相关性

由近 8 年 LPGA 各项技术指标总体相关性结果（见表 2-9）发现，平均杆数与开球距离、上球道率、标 on 率以及推杆数的相关系数分别是-0.262、-0.224、-0.731 和 0.388。经显著性检验，其 p 值均小于 0.05，均具有统计学意义的显著相关性。也就是说，平均杆数与其他技术统计指标相关性由大到小依次是标 on 率、推杆数、开球距离和上球道率。原因在于标 on 率是影响总体杆数的最重要因素，推杆数是影响平均杆数的第 2 个重要因素、开球距离是第 3 个重要因素，而开球的准确性对球员的杆数影响最小。

1. 平均杆数与标 on 率的相关性

标 on 率与平均杆数的相关系数 $r=-0.731$，呈负相关，即标 on 率越高则平均杆数越低，其相关性达到了 0.731，标 on 率是影响平均杆数的最重要因素。为什么标 on 率会是影响平均杆数的最重要的因素呢？我们主要从以下几个方面分析。

（1）影响标 on 率的相关因素分析。

影响标 on 率的因素较多。①攻果岭时运用的球杆最多，不同的球员会选择不同的球杆。②击球时影响击球效果的因素较多，比如球杆的选择、自然环境、天气状况、岭上洞杯的位置、击球现场的人文环境等。③球员自身的临场状态也会对标 on 率产生影响，如精神状态、身体状态（身体健康状况、生理周期和体能状况等）、心理状态、竞技状态、竞技水平及临场发挥情况。④同组球员的状态，主要是同组球员的竞技能力的发挥对其他球员会造成一定的影响。

（2）标 on 率越低则平均杆数增加的概率就会增大。

①如果球员标 on 率低，那么在上果岭前的击球次数就会增多，所用杆数也会增加，因此每洞的杆数会相应增加，其总杆数自然会增加。②如果球员以标准杆或低于标准杆上果岭的比例较低，则抓到小鸟球和老鹰球的机会就会大大减少，甚至保平标准杆都会比较困难，其每洞击球的总杆数就会增加。

（3）标 on 率会影响推杆的杆数，进而影响每轮的总杆数。

①球员以标准杆或低于标准杆上果岭的比例越高，其推杆抓到小鸟球和老鹰球的概率就会相应增加，通常比较容易保平标准杆，其推杆总杆数会相应减少，所以其标准杆上果岭率越高则每轮获得较低杆数的概率就会增大。②如果标 on 率较高，上果岭效果较差，每洞只能保平标准杆，总推杆数反而会增加，但每洞的总杆数不会增加。③如果标 on 率较低，但球员在果岭周边长草救球和果岭周边沙坑救球能力较强，直接切进得到小鸟球和保平标准杆的概率就会增加，所用推杆的次数会相应减少，但每洞击球的总杆数更多的只是能够保平标准杆或者是高于标准杆。

综上所述，每轮标 on 率对每轮击球杆数影响最大，相关关系最为密切。

2. 平均杆数与推杆数的相关性

平均杆数与推杆数的相关系数 $r=0.388$，即每轮推杆数越高，则每轮杆数越高的相关性为 0.388，它是影响平均杆数的第 2 个重要因素。影响每轮推杆数的因素主要包括以下几个方面。

（1）受标准杆 on 果岭效果的影响。标 on 质量越高，则球员推杆数就会越低，平均杆数自然会减少。标 on 果岭质量越差，则推杆次数就会增加，平均杆数也会相应增加。

（2）球员的推杆水平及其临场发挥。球员的推杆水平越高，则推杆数就会相应减少，但其临场发挥的好坏也会影响其推杆次数，发挥好推杆次数就少，发挥失常推杆次数自然增加，平均杆数也会随之变化。

（3）球场果岭及比赛时的天气状况。球员对球场果岭情况不熟悉，对当时天气状况判断不准确都会影响推杆，进而影响平均杆数。

（4）现场观众的影响。现场氛围会对球员的推杆造成一定的影响，进而影响推杆的效果。

3. 平均杆数与开球距离的相关性

平均杆数与开球距离的相关系数 $r=-0.262$，即平均开球距离越远则每轮杆数就会越少，两者的相关性为 0.262。原因在于，球员的开球距离越远，在 5 杆洞时，其第 2 杆进攻果岭的机会就会增加，如果进攻果岭成功，就已经减少了 1 杆击球，即使进攻果岭不成功，球到了果岭附近，下一杆击球获得较好击球效果的概率也会增大，获得较低杆数的概率就会增加；在 4 杆洞时，开球距离较远，其第 2 杆击球时离果岭的距离就会较近，球员会选择短一些的球杆，相对而言，取得较好击球效果的概率就会增大，可以为推杆创造良好的机会，进而使总杆数降低。随着球员技术水平的提高，开球距离不断增加，上球道率也在提高，所以比赛中开球距离的作用越来越显著。

4. 平均杆数与上球道率的相关性

平均杆数与上球道率的相关系数 $r=-0.224$，即开球的准确性越高，球员获得较低杆数的可能性就会增加，相关系数为 0.224。原因在于，开球的准确性高，可为下一杆的击球创造有利条件，但不足之处是开球距离较近，则 5 杆洞的两杆标 on 的概率较低，4 杆洞进攻果岭的效果就会稍差，这也是上球道率与平均杆数相关性比开球距离小的原因。

（二）开球距离与平均杆数、上球道率、标 on 率及每轮平均推杆数的相关性

由表 2-9 可知，近 8 年 LPGA 球员开球距离与每轮平均杆数、上球道率、标 on 率及每轮平均推杆数的相关系数 r 分别是 -0.262、-0.452、0.338 和 0.098。经统计学检验，开球距离与每轮杆数、上球道率、标 on 率和推杆数在 0.05 水平具有显著相关性。从高尔夫球运动实际情况看，开球距离越远则总杆数就越低，开球距离越远则上球道率就越低，开球距离越远则标 on 率就越高，而每轮的平均推杆数与每轮的开球距离呈正相关，即每轮开球距离越远则每轮的平均杆数就越小。高尔夫开球距离对其他指标的影响从大到小依次是开球的准确性、标准上果岭率、每轮杆数和每轮的推杆数。

1. 开球距离与平均杆数的相关性

内容分析详见"平均杆数与开球距离的相关性"。

2. 开球距离与上球道率的相关性

近 8 年开球距离与开球的准确性的相关系数 $r=-0.452$，开球距离与上球道率的相关性最高，即开球距离越远则上球道率就越低，相关系数为 0.452。

3. 开球距离与杆 on 率的相关性

开球距离与杆 on 率的相关系数 $r=0.338$，即开球越远标 on 率就会越高的相关性为 0.338。原因在于，开球距离远可以为下一杆的进攻果岭创造有利条件，4 杆洞时会离果岭更近，运用的球杆更短，其攻上果岭的概率就更高。

4. 开球距离与推杆数的相关性

由表 2-9 可知，近 8 年 LPGA 球员开球距离与推杆数的相关系数 r 是 0.098，即开球距离越远则推杆数越高的相关性为 0.098。原因包括：①5 杆洞两个攻上果岭的概率增加，进攻果岭的效果可能不好，但是能够保证 2 推，所以开球距离远，是推杆数增加的原因。②4 杆洞时开球距离远，则上球道率低，进攻果岭的效果不好，也可能影响推杆的效果，从而使推杆数增加。

（三）上球道率与平均杆数、开球距离、标 on 率及每轮平均推杆数的相关性

上球道率与其他参数的相关性从高到低依次是平均每轮杆数、开球距离、标 on 率和每轮推杆数，相关系数分别为 -0.224、-0.452、0.199 和 -0.055。上球道率与推杆数的显著性检验 p 值大于 0.05，不具有显著相关关系。因此，开球的准确性与推杆数不具有显著相关关系。

（四）标 on 率和平均杆数、开球距离、上球道率及每轮平均推杆数的相关性

标 on 率和平均杆数、开球距离、上球道率及每轮平均推杆数的相关系数分别为 -0.731、0.338、0.199 和 0.275，并且相关性的显著性检验 p 值均小于 0.05。标 on 率对整个杆数的影响最大，即标 on 率越高，其总杆数就越低的相关性是 0.731，分析见"每轮杆数与每轮的标 on 率的相关性分析"。标 on 率与开球距离的相关系数达到了 0.338，是第 2 个重要因素，这也反映了开球距离的重要性。标 on 率与每轮推杆数的相关系数排在第三位。标 on 率与推杆次数相关系数 r 为 0.275，表明标 on 率对推杆次数有一定的影响，主要是受标 on 率效果好坏的影响，on 果岭率效果越好则推杆次数越少，on 果岭率效果越差则推杆次数会相应增加。标 on 率与开球的准确性的相关性排在第四位，原因在于开球的准确性高，对提高标 on 率有一定的帮助，但作用没有开球距离的作用大。

（五）推杆数与平均杆数、平均距离、上球道率及标 on 率的相关性

每轮推杆数与平均杆数、平均距离、上球道率、标准杆 on 果岭率的相关性 r 值分别是 0.388、0.098、-0.055 和 0.275，所以每轮推杆数与其他参数的相关性人小依次是平均杆数、标 on 率、开球距离和上球道率。从统计学角度分析，每轮推杆数与平均杆数、标 on 率及开球距离在 0.05 水平上具有显著相关性，只有推杆数与上球道率不具有显著相关性。原因在于，推杆数与开球属于不同的技术，两者互不影响。

三、小结

（1）球员平均杆数的影响因素大小依次是标 on 率、推杆数、开球距离和开

球的准确性。平均杆数与标 on 率的相关性 $r=-0.731$，即标 on 率越高，则平均杆数越低。平均杆数与推杆数的相关性为 0.388，平均杆数与开球距离的相关性为 -0.262，平均杆数与上球道率的相关性为 -0.224。

（2）开球距离与其他因素的相关性大小依次为上球道率、标 on 率、平均杆数和推杆数。

（3）上球道率与其他因素的相关性大小依次为开球距离、平均杆数、标 on 率和推杆数。

（4）标 on 率与其他因素的相关性大小依次为平均杆数、开球距离、推杆数及上球道率。

（5）推杆数与其他因素的相关性大小依次为平均杆数、标 on 率、开球距离和开球的准确性。

第三节 不同水平球员之间的技术运用效果变化趋势

一、不同杆数水平球员开球距离的情况分析

（一）不同杆数水平球员开球距离的总体变化趋势

图 2-6 为不同水平球员开球距离的总体变化趋势图。横向比较发现，2012 年以后不同水平球员的开球距离总体呈上升趋势，并且在 2019 年有较大的突破，平均开球距离比 2018 年增长了约 11.03 码。纵向比较发现，2016 年是一个分水岭，2016 年之前不同水平球员的开球距离与杆数排名之间并无顺序关系，即开球距离对杆数排名的影响不大，但在 2016 年之后，特别是杆数排名前 10 名的球员的平均开球距离与杆数排名的一致性增加，前 10 名与第 11~20 名球员开球距离均有增大的趋势，开球距离的交叉点下移。出现这种现象的原因可能是随着高尔夫运动的发展，女子高尔夫运动中开球距离增加，开球距离对高水平球员参赛成绩的重要性也在增强，开球的整体水平有了显著提高，特别是高水平球员开球距离的稳定性增加和距离提高。

[图表：近8年LPGA不同杆数排名运动员开球距离变化折线图，纵轴为开球距离（码），范围230-280；横轴为年份2012-2019；图例：前10名、11~20名、21~50名、51~100名、前100名]

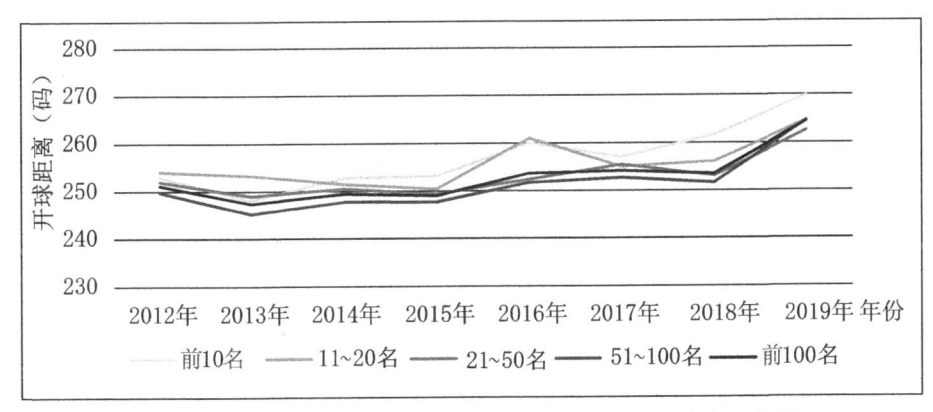

图 2-6　近 8 年 LPGA 不同杆数排名运动员开球距离变化折线图

横向比较不同水平球员的平均开球距离发现，2012 年至 2016 年前 10 名与第 11~20 名球员的开球距离有交叉点，即第 11~20 名球员的平均开球距离更远，这种情况在 5 年中出现了 3 年。而 2016 年后，即 2017 年至 2019 年 3 年的平均开球距离都是前 10 名比第 11~20 名选手要远。更加显著的一个现象是，2017 年杆数排名第 31~50 名的球员的平均开球距离超过了排名第 11~20 名球员，2019 年第 51~100 名球员的开球距离比排名第 21~50 名球员远 2.08 码，且与排名第 11~20 名球员的开球距离几乎相等，只差 0.02 码。从图 2-6 还可以发现，2019 年的各杆数排名球员的开球距离均超过了之前所有年份开球距离的最高平均值。出现这种现象的可能原因包括：①LPGA 女子高尔夫球员整体的开球水平得到提高。②2012—2016 年球员的开球距离对球员成绩的影响相对较小，2017—2019 年随着开球水平的提高，更远的开球距离对高水平球员取得好的成绩影响更大，而且开球距离的稳定性增加。③2019 年球员的开球距离有了质的飞跃，各水平球员的平均开球距离都超过了前面 7 年最高水平的平均开球距离。④女子比赛的球道长度增加，促使 LPGA 球员的开球距离增加。

女子开球距离的变化趋势表明，①女子高尔夫比赛中开球距离的重要性在进一步提高，特别是在高水平球员，开球距离是取得好成绩的基础。②我国女子高尔夫球员要想达到世界水平，就要努力提高一号木杆开球距离。③我们要重视青少年球员开球的基本功训练，基本功越扎实，则发展潜力就越大。

（二）不同杆数球员一号木杆平均开球距离的横向比较

由图 2-6 可以发现，杆数排名前 10 名的球员的平均开球杆数从 2012 年后一直在不断提升。开球距离排名第 11~20 名球员的波动较大，并且在 2012—2016

年的 5 年有 3 年是第 11~20 名球员的开球距离更远，2013 年排名第 31~50 名球员的开球距离比前 10 名的平均开球距离远，但比排名第 11~21 名球员的距离要近。2016 年后不同水平球员开球距离的交叉点逐步下移，2017 年排名第 31~50 名的球员开球距离比前 20 名球员的平均开球距离远，而 2019 年排名第 51~100 名球员的开球距离比第 21~50 名球员的距离远，并且 2019 年开球距离比 2018 年的平均开球距离有了大幅提高，增加了 11.03 码，比平均值最低的 2013 年增长了 17.08 码。2019 年的各水平球员的开球距离都要超过以前的最高平均水平。原因包括：①2016 年前由于开球距离的整体水平相对较低，开球距离对球员的成绩影响较小，不是主要的决定因素。②技术水平的提高，球员身体素质的改变，训练水平的提高，以及球具科技含量的增加，这些因素都会提高球员的开球距离。③高水平球员开球距离的稳定性增加，开球距离对球员取得优异成绩越来越重要，这也促使球员不断提高开球距离。④开球水平整体提高。

（三）每年不同杆数球员一号木杆平均开球距离的纵向比较

以 2016 年为分水岭，2012—2016 年平均开球距离与杆数排名的一致性较差，特别是排名前 10 名与排名第 11~20 名的 5 年内有 3 年是第 11~20 名球员的开球距离更远，排名前 10 名球员的开球距离在 2013 年比第 11~20 名和第 21~50 名球员的开球距离近。而排名第 21~50 名的球员没有超过排名第 11~20 名，排名第 51~100 名的球员没有超过排名第 21~50 名球员的平均距离。而在 2017—2019 年，2017 年排名第 21~50 名球员的开球距离超过了排名第 11~20 名的，2018 年排名第 51~100 名球员的开球距离超过了排名第 21~50 名的；而且排名前 20 名球员的开球距离与排名相关性更加紧密。出现这一结果的可能原因包括：①2016 年前开球距离相对较近，对杆数排名的影响较小，上球道率对杆数排名的影响更大。②随着高尔夫运动的发展，女子高水平球员开球距离对杆数的重要性增加。③女子球员的开球整体水平提升。

二、每轮不同杆数水平球员一号木杆上球道率情况

从杆数排名前 100 位球员的平均上球道率（图 2-7）可以看出，总体的离散趋势在逐渐减小，说明不同水平球员之间上球道率的差别在缩小。

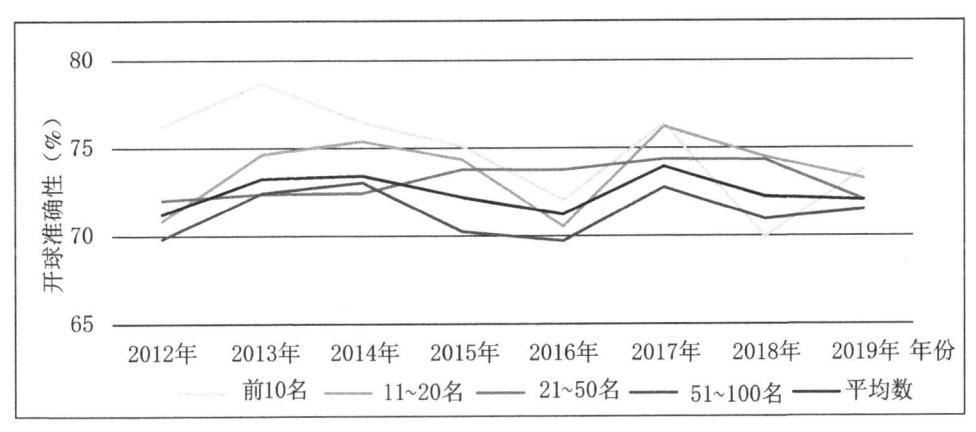

图 2-7 杆数排名前 100 名球员开球准确性折线图

杆数排名前 10 名的球员平均上球道率波动较大（2012 年最高点与 2018 年的最低点相差 8.74%），特别是在 2017 年至 2019 年的变化剧烈，但整体趋势处在逐渐下降的过程中。杆数排名第 11~20 名球员的上球道率不同年份变化起伏较大；杆数排名第 21~50 名球员的上球道率的稳定性最好，排名第 51~100 名的球员上球道率起伏也比较大，不同水平球员开球的准确性的波动范围在逐渐缩小。出现这种情况的可能原因包括：①开球距离的增加，使开球的准确性相对降低；②上球道率在比赛中的重要性在逐渐降低；③高水平球员进攻果岭水平提高，因此对上球道率的依赖性降低；④不同水平球员的上球道率逐渐接近，差距缩小。

三、每轮平均标 on 率分析

由图 2-8 可知，近 8 年 LPGA 不同水平球员的标 on 率在逐渐提高，并且不同水平球员之间没有出现交叉现象。原因可能包括：①球员进攻果岭的整体水平有所提高；②整体开球距离增加，使球员进攻果岭的成功率有所提高；③不同水平球员之间进攻果岭的差距仍比较明显。

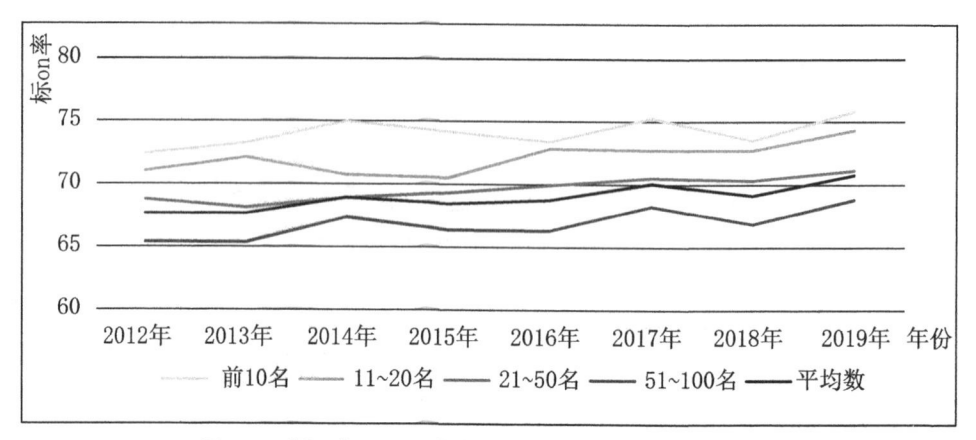

图 2-8 近 8 年 LPGA 杆数前 100 名球员标 on 率折线图

四、每轮平均推杆次数

近 8 年 LPGA 杆数前 100 名球员平均每轮推杆数的变化趋势（图 2-9）表明，排名越低的球员则每轮平均推杆次数越高，并且排名第 21~50 名和排名第 51~100 名的球员基本无交叉情况；而排名前 10 名和排名第 11~20 名的球员中，推杆数变化比较大的是排名第 11~20 名的球员，而杆数排名前 10 名的球员的平均推杆数变化并不是很大。这表明排名第 11~20 名的球员的推杆数变化比较剧烈，而其他的球员则相对比较稳定。那么，为什么 2016 年排名第 11~20 名球员的平均推杆数反而是最低的呢？结合其他参数分析，2016 年的平均开球距离仅次于 2019 年排在第二位，而且标 on 率也是第二高的，其推杆数是所有年份、所有水平球员平均推杆数最低的。可能的原因包括：①2016 年杆数排名第 11~20 名的球员，开球距离较远，进攻果岭的效果较好，因此推杆数较少；②她们的推杆技术水平可能较高；③还有可能是她们在果岭周边的救球效果较好，使其平均推杆数变小。

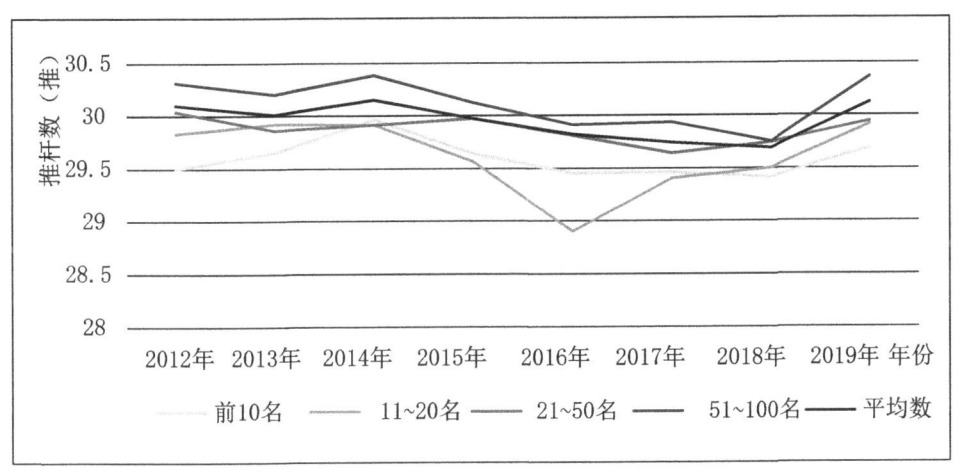

图 2-9 近 8 年 LPGA 杆数前 100 名球员平均每轮推杆数变化折线图

五、每轮平均杆数

由图 2-10 可以发现，近 8 年 LPGA 杆数前 100 名球员的平均每轮杆数趋势。与图 2-8 的标 on 率趋势正好相反，8 年来的平均杆数与标 on 率的相关性 $r = -0.731$，最高年份 2012 年的相关性为 -0.80，最低年份 2019 年的相关性为 -0.666。在图 2-10 中，不同水平前 10 名、第 11~20 名、第 21~50 名及第 51~100 名球员的平均杆数都在 2017 年达到最低，2012 年的平均杆数最高。可能的原因包括：①2017 年的标 on 率是 8 年来的最高点，开球距离是第二远、平均推杆数是第二低、平均上球道率是最高的；②2012 年的标 on 率几乎是 8 年来的最低点（比 2013 年高 0.05%），开球距离排在第五位，推杆数排名比较高，为第三位，上球道率是最低的。

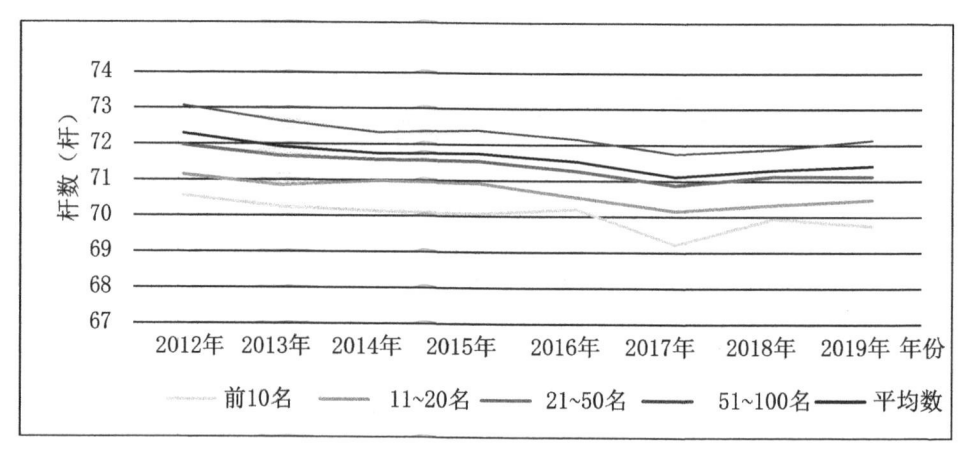

图 2-10 近 8 年 LPGA 杆数前 100 名球员的平均每轮杆数变化折线图

第四节 不同年份各项统计指标的单因子方差分析

一、2012 年各因素单因子方差分析

(一) 各组间平均杆数差异性分析

由表 2-10 可以看出，2012 年 LPGA 不同水平球员之间的平均杆数在 0.05 以上水平存在显著性差异，即前 10 名、第 11~20 名、第 21~50 名及第 51~100 名球员之间的平均杆数是存在显著性差异的。

表 2-10 2012 年 LPGA 各因素单因子方差分析

主因素		平方和	df	均方差	F	显著性 (p 值)
平均杆数	组间	75.855	3	25.285	226.904	*
	组内	10.698	96	0.111		
	总数	86.553	99			
开球距离	组间	226.534	3	75.511	0.862	—
	组内	8411.974	96	87.625		
	总数	8638.508	99			

续表

主因素		平方和	df	均方差	F	显著性（p 值）
上球道率	组间	0.037	3	0.012	3.891	*
	组内	0.304	96	0.003		
	总数	0.341	99			
标 on 率	组间	0.064	3	0.021	31.219	*
	组内	0.065	96	0.001		
	总数	0.129	99			
推杆数	组间	6.676	3	2.225	6.454	*
	组内	32.753	95	0.345		
	总数	39.428	98			

注：*表示 $p<0.05$，-表示 $p>0.05$。

球员的平均杆数是球员整体竞技能力（体能、技能、战术能力、心理能力和运动智能）及其临场发挥的综合体现，是衡量高尔夫球员竞技水平的重要指标。2012 年不同水平球员的平均杆数存在显著性差异，表明她们的竞技能力及临场发挥存在显著性差异。

（二）各组间开球距离差异性分析

由表 2-10 可以看出，2012 年 LPGA 不同水平球员之间的开球距离是不存在显著性差异的（$p=0.464$），即前 10 名、第 11~20 名、第 21~50 名及第 51~100 名球员之间的平均距离是不存在显著性差异的。原因在于开球距离（见图 2-6）差距较小，在 250 码上下波动，第 11~20 名球员的开球距离平均值最大，为 254.01 码，而第 51~100 名球员的平均开球距离最近，但也有 249.77 码，所以她们的开球距离不具有显著性差异。开球距离体现的是球员在开球时合理运用自身体能的能力，这也说明球员在利用身体能力方面不存在显著性差异。

（三）各组间上球道率差异性分析

从表 2-10 可以看出，2012 年 LPGA 不同水平球员之间的上球道率 p 值小于 0.05，存在显著性差异，即前 10 名、第 11~20 名、第 21~50 名及第 51~100 名球员的开球的准确性是存在显著性差异的。分析其可能的原因在于开球距离和开球的准确性呈负相关，即开球距离越远，其开球的准确性越差。2012 年球员间的开球距离不存在显著性差异，不同水平球员的差距会有所体现，所以开球的准确性可体现不同水平球员开球水平的差距（见图2-7）；前10名球员的准确性最高，为76.23%，而第51~100名球员的平均上球道率最低，为69.83%，她们的上球道率具有显著性差异。开球的准确性体现的是球员开球技术水平的高低、对球控制的精细程度，以及对于球的方向的控制能力。这也表明2012年不同水平球员在开球技术水平上是存在显著性差异的。

（四）各组间标on率差异性分析

由表2-10可以看出，2012年LPGA不同水平球员之间的标on率p值小于0.05，存在显著性差异，即前10名、第11~20名、第21~50名及第51~100名球员之间的标on率是存在显著性差异的。原因在于，标on率与球员的杆数相关性最为紧密，球员进攻果岭时运用的球杆是多种多样的（可能是球道木杆或长、中、短铁杆），所以标on率可体现球员综合技术水平，这一指标是在比赛中衡量球员技术水平最为关键的因素。2012年不同水平球员的标on率有显著性差异，说明其综合技术水平及发挥是存在显著性差异的。

（五）各组间推杆数差异性分析

各组间推杆的显著性检验p值小于0.05，说明各组间的推杆数存在显著性差异。相对于其他技术而言，推杆是一项相对独立的技术指标，受其他技术影响较小。但推杆的多少受标on率和on果岭质量的影响较大，最主要的是受球员自身推杆水平的限制（对果岭的综合判断能力的大小、距离的判断准确与否、推杆力度的把握、推杆力度与线路判断的结合程度的把握等，这些因素又受到球员自身知识水平、神经肌肉灵敏性和心理素质的影响）。

二、2013年各因素单因子方差分析

（一）各组间平均杆数差异性分析

由表2-11可以看出，2013年LPGA不同水平球员之间的平均杆数在0.001以上水平是存在显著性差异的，即前10名、第11~20名、第21~50名及第51~100名球员的平均杆数是存在显著性差异的。

表 2-11 2013 年 LPGA 各单因素方差分析

主因素		平方和	df	均方差	F	显著性（p 值）
平均杆数	组间	66.371	3	22.124	253.479	*
	组内	8.379	96	0.087		
	总数	74.750	99			
开球距离	组间	663.699	3	221.233	3.221	*
	组内	6594.580	96	68.694		
	总数	7258.280	99			
上球道率	组间	0.037	3	0.012	4.387	*
	组内	0.269	96	0.003		
	总数	0.306	99			
标 on 率	组间	0.079	3	0.026	36.075	*
	组内	0.070	96	0.001		
	总数	0.148	99			
推杆数	组间	3.812	3	1.271	4.945	*
	组内	24.669	96	0.257		
	总数	28.481	99			

注：* 表示 $p<0.05$。

（二）各组间开球距离差异性分析

由表 2-11 可以看出，2013 年 LPGA 不同水平球员之间的开球距离 p 值小于 0.05，在 95% 的置信区间内是存在显著性差异的，即前 10 名、第 11~20 名、第 21~50 名及第 51~100 名球员的平均杆数存在显著性差异。原因在于球员间的开球距离（见图 2-6）差距较小，平均距离仅为 247.4 码，并且上下波动较大，第 11~20 名球员的开球距离最高为 253.21 码，而第 51~100 名球员的平均开球距离也有 245.17 码，所以球员的开球距离具有显著性差异。开球距离体现的是球员开球技术中合理利用自身体能的能力，这表明不同水平球员在利用身体能力方面存在显著性差异，或者不同水平球员本身的身体素质存在差异。

(三) 各组间上球道率差异性分析

由表2-11可以看出,2013年LPGA不同水平球员之间的上球道率 p 值小于0.05,存在显著性差异,即前10名、第11~20名、第21~50名及第51~100名球员的上球道率是存在显著性差异的。原因在于开球距离和开球的准确性呈负相关,即开球距离越远,则开球的准确性越差。2013年的开球距离存在显著性差异,不同水平球员的差距有所体现,所以开球的准确性体现了不同水平球员开球水平的差距(见图2-7)。前10名球员的开球准确性最高为78.67%,而第51~100名球员平均上球道率最低,为72.43%,所以球员的上球道率具有显著性差异。而开球的准确性体现的是球员开球技术水平的高低,对球控制的精细程度,以及对于球的方向的控制能力。从开球距离(见图2-6)和上球道率(见图2-7)可以看出,2013年前10名球员的开球距离比第11~20名、第21~50名球员的开球距离近,但上球道率比第11~100名球员中各组别的平均值高得多。这也表明2013年不同水平球员的开球准确性存在显著性差异,即不同水平球员之间开球的准确性、对球的方向的控制是存在显著性差异的。

(四) 各组间标on率差异性分析

由表2-11可以看出,2013年LPGA不同水平球员之间的标on率 p 值小于0.05,存在显著性差异。即前10名、第11~20名、第21~50名及第51~100名球员之间的标on率是存在显著性差异的。原因在于,标on率是和球员杆数相关性最为紧密的因素,球员进攻果岭时运用的球杆是多种多样的(可能是球道木杆或长、中、短铁杆),所以标on率可以体现球员的综合技术水平,这一指标是比赛中衡量球员技术水平最为关键的因素。2013年不同水平球员的标on率有显著差异,说明不同水平球员之间在综合技术水平及其发挥上是存在显著性差异的。

(五) 各组间推杆数差异性分析

各组间推杆数的显著性检验 p 值小于0.05,表明各组间的推杆数存在显著性差异。相对于其他技术,推杆技术是一项相对独立的技术,受其他技术影响较小,但推杆受标on率和on果岭质量的影响较大,最主要的是受球员自身推杆水平的限制(对果岭的综合判断能力的大小、距离的判断是否准确、对推杆力度的把握、推杆力度与线路判断的结合程度的把握等,这些因素又受到球员自身知识水平、神经肌肉灵敏性及心理素质的影响)。2013年不同水平球员之间的标on

率是和其平均杆数水平紧密相连的,呈现高度的一致性。这也进一步表明杆数前10名的球员虽然开球距离比第11~50名球员近,但其开球的准确性和标on率都要好于后面的球员。这也进一步证实,前10名球员技术发挥的稳定性、技术水平及发挥均高于后面的球员。

三、2014年各因素单因子方差分析

(一) 各组间平均杆数差异性分析

由表2-12可以看出,2014年LPGA不同水平球员之间的平均杆数的显著性 p 值小于0.05,存在显著性差异,即前10名、第11~20名、第21~50名及第51~100名球员的平均杆数存在显著性差异。

表2-12 2014年LPGA各因素单因子方差分析

主因素		平方和	df	均方差	F	显著性(p值)
平均杆数	组间	50.236	3	16.745	306.399	*
	组内	5.247	96	0.055		
	总数	55.482	99			
开球距离	组间	323.138	3	107.713	1.513	-
	组内	6832.550	96	71.172		
	总数	7155.689	99			
上球道率	组间	0.017	3	0.006	1.644	-
	组内	0.325	96	0.003		
	总数	0.341	99			
标on率	组间	0.052	3	0.017	20.350	*
	组内	0.082	96	0.001		
	总数	0.134	99			
推杆数	组间	5.446	3	1.815	6.962	*
	组内	25.031	96	0.261		
	总数	30.476	99			

注:*表示 $p<0.05$,-表示 $p>0.05$。

(二) 各组间开球距离差异性分析

由表 2-12 可以看出，2014 年 LPGA 不同水平球员之间的开球距离 p 值大于 0.05，不存在显著性差异，即前 10 名、第 11~20 名、第 21~50 名及第 51~100 名球员的平均杆数是不存在显著性差异的。原因在于开球距离（见图 2-6）差距较小，平均距离仅为 249.43 码，并且上下波动较小，前 10 名的开球距离的平均值最高，为 252.76 码，而第 51~100 名的球员平均开球距离最低，为 247.74 码，所以球员的开球距离不具有显著性差异。开球距离体现的是球员开球技术中合理运用自身体能水平的能力，说明 2014 年不同水平球员在利用身体能力方面不存在显著性差异。

(三) 各组间上球道率差异性分析

从表 2-12 可以看出，2014 年 LPGA 不同水平球员之间的上球道率组间相关性 p 值大于 0.05，不存在显著性差异，即前 10 名、第 11~20 名、第 21~50 名及第 51~100 名球员的上球道率是不存在显著性差异的。原因在于开球距离和开球的准确性呈负相关，即开球距离越远，其开球的准确性越差。2014 年的开球距离和开球的准确性都不存在显著性差异（见图 2-7），前 10 名球员的平均值最高，为 76.45%，第 21~50 名球员的平均上球道率最低，为 72.43%，所以球员的上球道率不具有显著性差异。这也表明 2014 不同水平球员的开球的准确性不存在显著性差异，即不同水平球员之间开球的准确性、对球的方向的控制是不存在显著性差异的。

(四) 各组间标 on 率差异性分析

从表 2-12 可以看出，2014 年 LPGA 不同水平球员之间的标 on 率 p 值小于 0.05，存在显著性差异，即前 10 名、第 11~20 名、第 21~50 名及第 51~100 名球员之间的标 on 率是存在显著性差异的。2014 年不同水平球员的标 on 率有显著性差异，说明不同水平球员之间在综合技术的运用水平及其发挥上存在显著性差异。

(五) 各组间推杆数差异性分析

各组间推杆的显著性检验 p 值小于 0.05，说明各组间的推杆数存在显著性差异。推杆是与其他技术相互独立的一项技术，因此受其他技术影响较小。但推杆的多少受标 on 率和 on 果岭质量的影响较大，最主要的是受球员自身推杆水平的限制，包括对果岭的综合判断能力的大小、距离判断准确与否、推杆力度的把握、推杆力度与线路判断的结合程度的把握等，这些因素又受到球员自身知识水平、神经肌肉灵敏性及心理素质的影响。2014 年不同水平球员之间的标 on 率是和其平均杆数水平紧密相连的，呈现高度的一致性。这也进一步说明杆数越低的球员其平均开球距离和平均标 on 率都要好于其他球员，这项指标可以反映不同水平球员技术发挥的稳定性及技术水平。

四、2015 年各因素单因子方差分析

（一）各组间平均杆数差异性分析

由表 2-13 可以看出，2015 年 LPGA 不同水平球员之间平均杆数差异的显著性 p 值小于 0.05，存在显著性差异，即前 10 名、第 11~20 名、第 21~50 名及第 51~100 名球员的平均杆数是存在显著性差异的。原因见"2012 年各因素单因子方差分析"。

表 2-13　2015 年 LPGA 各因素单因子方差分析

主因素		平方和	df	均方差	F	显著性（p 值）
平均杆数	组间	56.886	3	18.962	230.281	*
	组内	7.905	96	0.082		
	总数	64.790	99			
开球距离	组间	276.885	3	92.295	1.228	—
	组内	7212.947	96	75.135		
	总数	7489.831	99			
上球道率	组间	0.040	3	0.013	3.530	*
	组内	0.359	96	0.004		
	总数	0.399	99			
标 on 率	组间	0.061	3	0.020	30.448	*
	组内	0.064	96	0.001		
	总数	0.126	99			

续表

主因素		平方和	df	均方差	F	显著性（p 值）
推杆数	组间	3.924	3	1.308	4.235	*
	组内	29.650	96	0.309		
	总数	33.574	99			

注：* 表示 $p<0.05$，- 表示 $p>0.05$。

（二）各组间开球距离差异性分析

由表 2-13 可以看出，2015 年 LPGA 不同水平球员之间的开球距离 p 值大于 0.05，不存在显著性差异，即前 10 名、第 11~20 名、第 21~50 名及第 51~100 名球员的平均杆数不存在显著性差异。原因在于开球距离（见图 2-6）差距较小，平均距离仅为 249.01 码，并且上下波动较小，前 10 名球员的均值最大，为 253.09 码，第 51~100 名球员的平均开球距离最小，为 247.69 码，所以她们的开球距离不具有显著性差异。开球距离体现的是球员开球技术中合理利用自身体能的能力，说明 2015 年不同水平球员在利用身体能力方面不存在显著性差异。

（三）各组间上球道率差异性分析

由表 2-13 可以看出，2015 年 LPGA 不同水平球员之间的上球道率 p 值小于 0.05，存在显著性差异，即前 10 名、第 11~20 名、第 21~50 名及第 51~100 名球员的平均杆数存在显著性差异。原因在于开球距离和开球的准确性呈负相关，即开球距离越远，其开球的准确性越差。2015 年不同水平之间球员的上球道率存在显著性差异，前 10 名球员的上球道率最高，为 75.09%（见图 2-7），第 51~100 名球员的上球道率最低，为 69.71%，所以球员的上球道率具有显著性差异。这也说明 2015 年不同水平球员之间在开球准确性存在显著性差异，即不同水平球员之间开球的准确性、对球方向的控制是存在显著性差异的，也表明不同球员的技术水平是有显著性差异的。

（四）各组间标 on 率差异性分析

由表 2-13 可以看出，2015 年 LPGA 不同水平球员之间的标 on 率 p 值小于 0.05，存在显著性差异，即前 10 名、第 11~20 名、第 21~50 名及第 51~100 名球员的标 on 率存在显著性差异。原因见"2012 年各因素单因子方差分析"。

2015年不同水平球员的标on率存在显著性差异,说明不同水平球员之间在综合技术的运用能力及发挥上存在显著性差异。

(五) 各组间推杆数差异性分析

各组间推杆数的显著性检验 p 值小于 0.05,说明各组间的推杆数存在显著性差异。相对于其他技术而言,推杆数是一项相对独立的技术,受其他技术影响较小。但推杆的多少受标 on 率和 on 果岭质量的影响较大,最主要的是受球员自身推杆水平的限制(对果岭的综合判断能力的大小、距离的判断准确与否、推杆力度的把握、推杆力度与线路判断的结合程度的把握等,这些因素又受到球员自身知识水平、神经肌肉灵敏性、心理素质的影响)。2015年不同水平球员的标 on 率与其平均杆数水平紧密关联,呈现高度的一致性。这也进一步说明杆数越低的球员其平均开球距离和平均标 on 率都要好于排名靠后的球员,反映出高水平球员技术发挥的稳定性、技术水平及其发挥均高于低水平球员。

五、2016年各因素单因子方差分析

(一) 各组间平均杆数差异性分析

由表 2-14 可以看出,2016年 LPGA 不同水平球员之间的平均杆数的显著性 p 值小于 0.05,存在显著性差异,即前 10 名、第 11~20 名、第 21~50 名及第 51~100 名球员的平均杆数是存在显著性差异的。原因见"2012年各因素单因子方差分析"。

表 2-14 2016年 LPGA 各因素单因子方差分析

主因素		平方和	df	均方差	F	显著性 (p 值)
平均杆数	组间	48.611	3	16.204	123.754	*
	组内	12.570	96	0.131		
	总数	61.180	99			
开球距离	组间	1170.302	3	390.101	6.320	*
	组内	5925.788	96	61.727		
	总数	7096.090	99			

续表

主因素		平方和	df	均方差	F	显著性（p值）
上球道率	组间	0.032	3	0.011	3.891	*
	组内	0.262	96	0.003		
	总数	0.294	99			
标on率	组间	0.072	3	0.024	36.591	*
	组内	0.063	96	0.001		
	总数	0.135	99			
推杆数	组间	1.788	3	0.596	1.880	—
	组内	30.448	96	0.317		
	总数	32.237	99			

注：* 表示 $p<0.05$，— 表示 $p>0.05$。

（二）各组间开球距离差异性分析

由表 2-14 可以看出，2016 年 LPGA 不同水平球员之间的开球距离 p 值小于 0.05，存在显著性差异，即前 10 名、第 11~20 名、第 21~50 名及第 51~100 名球员的平均开球距离是存在显著性差异的。分析其可能的原因在于，球员间开球距离（见图 2-6）差距较大，平均距离仅为 253.65 码，并且上下波动较大，第 11~20 名的开球距离最远，为 260.94 码，而第 51~100 名球员的平均开球距离最近，为 251.68 码，可见其开球距离具有显著性差异。开球距离体现的是球员开球技术中合理利用自身体能的能力，说明 2016 年不同水平球员在利用身体能力方面存在显著性差异。

（三）各组间上球道率差异性分析

由表 2-14 可以看出，2016 年 LPGA 不同水平球员之间的上球道率 p 值小于 0.05，存在显著性差异，即前 10 名、第 11~20 名、第 21~50 名及第 51~100 名球员的上球道率是存在显著性差异的。分析其可能的原因在于开球距离和开球的准确性呈负相关，即开球距离越远，开球的准确性越差。2016 年不同水平球员之间的上球道率存在显著性差异；第 21~50 名球员的上球道率最高，为 73.76%（见图 2-7），而第 51~100 名球员的平均上球道率为 69.71%，可见其上球道率具有显著性差异。这也说明 2016 年不同水平球员在开球的准确性上是存在显著差异的,即不同水平球员开球的准确性、对球方向的控制存在显著差异的,不同球员的技术水平存在显著差异。

(四) 各组间标 on 率差异性分析

由表 2-14 可以看出,2016 年 LPGA 不同水平球员之间的标 on 率 p 值小于 0.05,存在显著性差异,即前 10 名、第 11~20 名、第 21~50 名及第 51~100 名球员的标 on 率是存在显著性差异的。原因见"2012 年各因素单因子方差分析"。2016 年不同水平球员的标 on 率有显著性差异,说明不同水平球员在综合技术的运用及发挥上是存在显著性差异的。

(五) 各组间推杆数差异性分析

各组间推杆数的显著性检验 p 值大于 0.05,说明各组间的推杆数不存在显著性差异。推杆数是相对于其他技术的一项独立技术,受其他技术影响较小。但推杆数的多少受标 on 率和 on 果岭质量的影响较大,最主要的是受球员自身推杆水平的限制(对果岭的综合判断能力的大小、距离的判断准确与否、推杆力度的把握、推杆力度与线路判断的结合程度的把握等,这些因素又受到球员自身知识水平、神经肌肉灵敏性及心理素质的影响)。2016 年不同水平球员的推杆数没有显著性差异,说明其推杆水平差异不存在显著性。

六、2017 年各因素单因子方差分析

(一) 各组间平均杆数差异性分析

由表 2-15 可以看出,2017 年 LPGA 不同水平球员之间的平均杆数的显著性 p 值为 0.000 小于 0.05,是存在显著性差异的,即前 10 名、第 11~20 名、第 21~50 名及第 51~100 名球员的平均杆数是存在显著性差异的。原因见"2012 年各因素单因子方差分析"。

表 2-15 2017 年 LPGA 各因素单因子方差分析

主因素		平方和	df	均方差	F	显著性（p 值）
平均杆数	组间	53.821	3	17.940	300.596	*
	组内	5.730	96	0.060		
	总数	59.551	99			
开球距离	组间	242.361	3	80.787	1.113	-
	组内	6968.461	96	72.588		
	总数	7210.821	99			
上球道率	组间	0.019	3	0.006	2.076	-
	组内	0.288	96	0.003		
	总数	0.306	99			
标 on 率	组间	0.052	3	0.017	36.892	*
	组内	0.045	96	0.000		
	总数	0.097	99			
推杆数	组间	3.966	3	1.322	5.459	*
	组内	23.246	96	0.242		
	总数	27.212	99			

注：*表示 $p<0.05$，-表示 $p>0.05$。

（二）各组间开球距离差异性分析

由表 2-15 可以看出，2017 年 LPGA 不同水平球员之间的开球距离 p 值大于 0.05，不存在显著性差异，即前 10 名、第 11~20 名、第 21~50 名及第 51~100 名球员的开球距离是不存在显著性差异的。分析其可能的原因在于，开球距离（见图 2-6）差距较小，平均距离仅为 254.16 码，并且上下波动较小，前 10 名球员的平均值最远，为 256.99 码，而第 51~100 名球员的平均开球距离最近，为 252.68 码，最远和最近之间的平均差距只有 4.31 码，可见其开球距离不具有显著性差异。开球距离体现的是球员开球技术中合理利用自身体能的能力，这个结果说明 2017 年不同水平球员在利用身体体能方面不存在显著性差异。

(三) 各组间上球道率差异性分析

由表 2-15 可以看出，2017 年 LPGA 不同水平球员之间的上球道率 p 值大于 0.05，不存在显著性差异。前 10 名、第 11~20 名、第 21~50 名及第 51~100 名球员之间的平均上球道率是不存在显著性差异的。分析其可能的原因在于 2017 年不同水平球员之间的开球距离变化较小，不同水平球员的上球道率都接近于平均值为 73.94%，较为集中，不存在显著性差异；第 21~50 名球员的上球道率最高，为 76.37%（见图 2-7），而第 50~100 名球员的平均上球道率最低，为 72.75%，所以她们的上球道率不具有显著性差异。这也说明 2017 年不同水平球员之间在开球的准确性上是不存在显著性差异的，即不同水平球员之间开球的准确性、对球方向的控制是不存在显著性差异的，不同球员的技术水平是不存在显著性差异的。

(四) 各组间推杆数差异性分析

各组间推杆数的显著性检验 p 值小于 0.05，说明各组间的推杆数存在显著性差异。推杆是相对于其他技术的一项独立技术，受其他技术影响较小。但推杆的多少受标 on 率和 on 果岭质量的影响较大，最主要的是受球员自身推杆水平的限制（对果岭的综合判断能力的大小、距离的判断准确与否、推杆力度的把握、推杆力度与线路判断的结合程度的把握等，这些因素又受到球员自身知识水平、神经肌肉灵敏性及心理素质的影响）。2017 年不同水平球员之间的推杆数存在显著性差异，说明其推杆水平存在显著性差异。

2017 年不同水平球员杆数存在显著性差异的主要原因在于，不同水平球员的标 on 率和推杆数存在显著性差异，而不同水平球员的平均开球距离和开球的准确性没有显著性差异。

(五) 各组间标 on 率差异性分析

由表 2-15 可以看出，2017 年 LPGA 不同水平球员之间的标 on 率 p 值小于 0.05，存在显著性差异，即前 10 名、第 11~20 名、第 21~50 名及第 51~100 名球员的标 on 率是存在显著性差异的。原因见 "2012 年各因素单因子方差分析。2017 年不同水平球员的标 on 率有显著性差异，说明 2017 年不同水平球员在综合技术的运用及发挥上是存在显著性差异的。

七、2018 年各因素单因子方差分析

（一）各组间平均杆数差异性分析

由表 2-16 可以看出，2018 年 LPGA 不同水平球员之间的平均杆数的显著性 p 值小于 0.05，存在显著性差异，即前 10 名、第 11~20 名、第 21~50 名及第 51~100 名球员的平均杆数是存在显著性差异的。原因见"2012 年各因素单因子方差分析"。

表 2-16 2018 年 LPGA 各因素单因子方差分析

主因素		平方和	df	均方差	F	显著性（p 值）
平均杆数	组间	45.070	3	15.023	240.129	*
	组内	6.006	96	0.063		
	总数	51.077	99			
开球距离	组间	904.762	3	301.587	4.755	*
	组内	6089.346	96	63.431		
	总数	6994.108	99			
上球道率	组间	0.030	3	0.010	2.795	*
	组内	0.317	90	0.004		
	总数	0.346	93			
标 on 率	组间	0.062	3	0.021	39.171	*
	组内	0.051	96	0.001		
	总数	0.114	99			
推杆数	组间	1.357	3	0.452	1.997	—
	组内	21.745	96	0.227		
	总数	23.103	99			

注：*表示 $p<0.05$，—表示 $p>0.05$。

（二）各组间平均开球距离差异性分析

由表 2-16 可以看出，2018 年 LPGA 不同水平球员之间的开球距离 p 值小于

0.05，存在显著性差异，即前 10 名、第 11~20 名、第 21~50 名及第 51~100 名球员的平均开球距离是存在显著性差异的。分析其可能的原因在于，球员间开球距离（见图 2-6）差距较大，平均距离为 254.16 码，并且上下波动较大，前 10 名球员的开球距离最远，为 261.57 码，而第 51~100 名球员的平均开球距离最近，为 251.58 码，最远和最近之间的平均差距接近 10 码，可见其开球距离具有显著性差异。开球距离体现的是球员开球技术中合理运用自身体能的能力，说明 2018 年不同水平球员在利用身体能力方面是存在显著性差异的。

（三）各组间上球道率差异性分析

由表 2-16 可以看出，2018 年 LPGA 不同水平球员之间的上球道率 p 值小于 0.05，存在显著性差异。前 10 名、第 11~20 名、第 21~50 名及第 51~100 名球员的平均上球道率是存在显著性差异的。分析其可能的原因在于，2018 年不同水平球员的开球距离变化较大，不同水平球员的上球道率存在较大差别，第 11~20 名球员的上球道率最高，为 74.48%（见图 2-7），而前 10 名球员的平均上球道率最低，为 69.93%，可见其上球道率具有显著性差异。这也说明 2018 年不同水平球员在开球的准确性上是存在显著性差异的，即不同水平球员之间开球的准确性、对球方向的控制是存在显著性差异的，不同球员的技术水平是存在显著性差异的。

（四）各组间标 on 率差异性分析

由表 2-16 可以看出，2018 年 LPGA 不同水平球员之间的标 on 率 p 值小于 0.05，存在显著性差异。前 10 名、第 11~20 名、第 21~50 名及第 51~100 名球员的标 on 率是存在显著性差异的。原因见"2012 年各因素单因子方差分析"。2018 年不同水平球员的标 on 率有显著性差异，说明 2018 年不同水平球员在综合技术的运用及发挥上是存在显著性差异的。2018 年平均杆数前 10 名球员的标 on 率是最高的，达到 73.52%，而第 51~100 名球员的标 on 率只有 66.85%。

（五）各组间推杆数差异性分析

各组间推杆的显著性检验 p 值大于 0.05，说明各组间的推杆数不存在显著性差异。推杆是相对于其他技术的一项独立技术，受其他技术影响较小。但推杆的多少受标 on 率和 on 果岭质量的影响较大，最主要的是受球员自身推杆水平的限制（对果岭的综合判断能力的大小、距离的判断准确与否、推杆力度的把握、推杆力度与线路判断的结合程度的把握等，这些因素又受到球员自身知识水平、神经肌肉灵敏性及心理素质的影响）。2018年不同水平球员之间的推杆数不存在显著性差异，说明其推杆水平不存在显著性差异。

2018年不同水平球员杆数存在显著性差异的主要原因在于，不同水平球员之间的标on率、开球距离和开球的准确性均存在显著性差异，而不同水平球员之间的推杆数没有显著性差异。

八、2019年各因素单因子方差分析

（一）各组间平均杆数差异性分析

由表2-17可以看出，2019年LPGA不同水平球员之间的平均杆数的p值小于0.05，是存在显著性差异的，即前10名、第11~20名、第21~50名及第51~100名球员的平均杆数是存在显著性差异的。原因见"2012年各因素单因子方差分析"。

表2-17　2019年LPGA各因素单因子方差分析

主因素		平方和	df	均方差	F	显著性（p值）
平均杆数	组间	65.292	3	21.764	231.427	*
	组内	9.028	96	0.094		
	总数	74.320	99			
开球距离	组间	484.209	3	161.403	2.030	—
	组内	7633.340	96	79.514		
	总数	8117.549	99			
上球道率	组间	0.006	3	0.002	0.556	—
	组内	0.335	96	0.003		
	总数	0.341	99			
标on率	组间	0.058	3	0.019	28.075	*
	组内	0.066	96	0.001		
	总数	0.124	99			

续表

主因素		平方和	df	均方差	F	显著性（p 值）
推杆数	组间	6.216	3	2.072	5.815	*
	组内	34.209	96	0.356		
	总数	40.425	99			

注：*表示 $p<0.05$，-表示 $p>0.05$。

（二）各组间开球距离差异性分析

由表 2-17 可以看出，2019 年 LPGA 不同水平球员之间的开球距离 p 值大于 0.05，不存在显著性差异，即前 10 名、第 11~20 名、第 21~50 名及第 51~100 名球员的平均开球距离是不存在显著性差异的。分析其可能的原因在于，球员间的开球距离（见图 2-6）差距较小，平均距离为 264.48 码，并且上下波动较小，前 10 名球员开球距离的平均值最远，为 269.83 码，而第 21~50 名球员的平均开球距离最近，为 262.50 码，最远和最近之间的平均差距为 7.33 码，可见其开球距离不具有显著性差异。开球距离体现的是球员开球技术中合理利用自身体能的能力，说明 2019 年不同水平球员在利用身体能力方面不存在显著性差异。

（三）各组间上球道率差异性分析

由表 2-17 可以看出，2019 年 LPGA 不同水平球员之间的上球道率 p 值大于 0.05，不存在显著性差异，即前 10 名、第 11~20 名、第 21~50 名及第 51~100 名球员的平均上球道率是不存在显著性差异的。分析其可能的原因在于，2019 年不同水平球员的开球距离变化较小，不同水平球员之间的上球道率都接近于平均值 72.05%，较为集中，不存在显著性差异；前 10 名球员的平均值最高，为 73.73%（见图 2-7），而第 51~100 名球员的平均上球道率最低，为 71.49%，可见不同水平球员间的上球道率不具有显著性差异。这也说明 2019 年不同水平球员之间在开球的准确性上是不存在显著性差异的，即不同水平球员之间开球的准确性、对球方向的控制是不存在显著性差异的，不同球员的技术水平是不存在显著性差异的；其技术水平及发挥更加接近。

（四）各组间标 on 率差异性分析

由表 2-17 可以看出，2019 年 LPGA 不同水平球员之间的标 on 率 p 值小于

0.05，存在显著性差异，即前 10 名、第 11~20 名、第 21~50 名及第 51~100 名球员的标 on 率是存在显著性差异的。原因见"2012 年各因素单因子方差分析"。2019 年不同水平球员的标 on 率有显著性差异，说明 2019 年不同水平球员之间在综合技术的运用及发挥上是存在显著性差异的；并且水平越高的球员，其标 on 率越高。

(五) 各组间推杆数差异性分析

各组间推杆的显著性检验 p 值小于 0.05，说明各组间的推杆数存在显著性差异。相对于其他技术而言，推杆是一项相对独立的技术，受其他技术影响较小。但推杆的多少受标 on 率和 on 果岭质量的影响较大，最主要的是受球员自身推杆水平的限制（对果岭的综合判断能力的大小、距离的判断准确与否、推杆力度的把握、推杆力度与线路判断的结合程度的把握等，这些因素又受到球员自身知识水平、神经肌肉灵敏性及心理素质的影响）。2019 年不同水平球员之间的推杆数存在显著性差异，说明其推杆水平存在显著差异。

2019 年不同水平球员平均杆数存在显著性差异的主要原因在于不同水平球员之间的标 on 率和推杆数存在显著性差异，而不同水平球员的平均开球距离和开球的准确性没有显著性差异，并且水平越高的球员开球距离越远、上球道率越高、标 on 率越高，进一步说明高水平球员的技术更加全面，发挥得更加稳定。

第三章 CHAPTER 03
国际优秀女子高尔夫球选手挥杆动作技术分析

第一节 国际优秀女子高尔夫球员准备姿势对挥杆技术影响研究

由于各方面的原因，我国高尔夫球挥杆技术方面的研究和理论较为薄弱，更多的是依赖外国的各种技术教学理论。一方面是由于外国的高尔夫运动发展早于我国，普及程度也远高于我国，其发展更为全面和系统；另一方面是由于我国高尔夫球仅发展了30多年，目前市场上的高尔夫球教练及其他教育者大多是球童出身或中途转业而来，其运动理论基础知识和高尔夫球技术研究方面较为欠缺，特别是技术分析实验还较为薄弱。随着我国高尔夫运动的发展，越来越多的学者及研究人员开始从不可角度对高尔夫球挥杆这一复杂技术进行研究，其中不乏各种新的科学研究方法和手段。但在研究对象方面，多局限于高尔夫球专业的学生或初学者，对优秀职业高尔夫球员的研究甚少。为此，本研究以世界优秀女子职业高尔夫球员的挥杆技术为研究对象，从生物力学的角度揭示挥杆技术的运动规律，为我国高尔夫运动的发展尽绵薄之力。

本研究以参加2019年5月24日至26日LPGA乐卡克北京女子精英赛的部分球员为研究对象。采集球员一号木杆开球视频，共采集样本60个（表3-1）。研究对象均为右利手球员，其中包括我国球员36人，韩国、日本、泰国等国家球员共24人。

表 3-1 球员基本信息

指标	数据
年龄（周岁）	23.586±4.724
转职业时间（年）	5.277±3.194
平均开球距离（码）	238.448±10.907
上球道率（%）	73.341±8.138

注：球员相关信息来源于 2019 年 9 月 27 日 CLPGA 官方网站的数据统计。

本研究通过 LPGA 和 CLPGA 官方网站收集球员及相关赛事资料，以完善所需数据。通过中国知网、万方数据库收集相关研究文献，查阅并收集相关书籍、体育期刊、硕博士论文，了解高尔夫球挥杆技术的研究方向，为本研究提供参考资料和理论依据。

通过对优秀女子高尔夫球挥杆技术动作中的挥杆前技术动作和挥杆技术动作部分阶段的关节角度，以及球杆与肢体夹角数据进行相关性分析，考察挥杆技术中的关键点之间的相关性。主要运用 SPSS 19.0 和 Excel 2010 软件对数据进行整理归纳及相关性分析。

本研究使用两台日本索尼高速摄像机，频率为 1000 帧/秒，两台高速摄像机在同一水平高度下，主光轴夹角约为 90°，分别从球员站位的正前方和正后侧方进行拍摄（图 3-1），采集研究对象的挥杆视频；采样结束后所有视频数据进行备份存储，使用 DRAT FISH 软件进行视频数据解析获取相关数据。

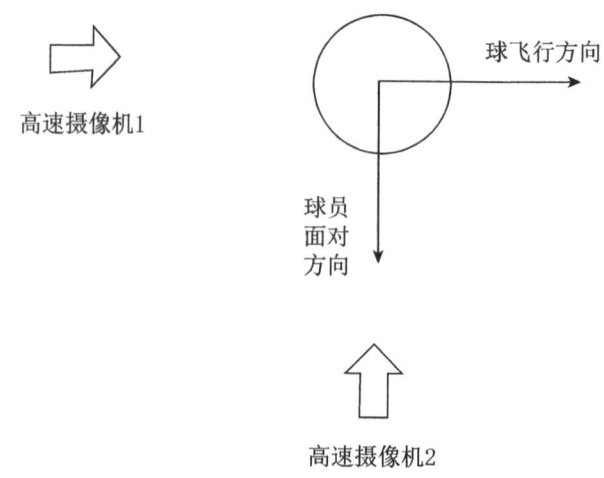

图 3-1 实验场地布置图

全挥杆的身体关节及形成角度研究主要涉及单关节（如髋、肩、肘、膝等）、关节之间形成的角度关系（如躯干前倾角度），以及手臂与球杆形成的角度等。膝关节角度过大或过小都将对蹬伸的速度和力量产生影响。本研究中所用的膝关节角度、踝关节角度、膝臀线与臀颈线夹角、臀颈线与右臂夹角都是从球员正后侧方视角观测的，其中，膝臀线与臀颈线夹角是指膝关节中间点与臀部中间点两点连线和臀部中间点与颈部中间点两点连线所形成的夹角（图3-2）。上杆九点钟球杆与左臂的夹角是从球员正前方观测的，是指在球员上杆过程中，当球杆指向为九点位置（球杆水平）时，球杆与球员左臂所形成的夹角（图3-3）。杆颈角度是从球员正后侧方观测的，指地平面与杆颈所形成的夹角角度（图3-4），该角度分别来自球员准备姿势时刻和击球时刻观测得到的数值。

图3-2 膝臀线与臀颈线夹角示意图

图3-3 上杆九点钟球杆与左臂夹角示意图

图 3-4 杆颈角度示意图

一、准备姿势时刻部分关节角度分析

表 3-2 是对准备姿势时刻膝关节角度、踝关节角度、膝臀线与臀颈线夹角以及臀颈线与右臂夹角 4 个角度之间的相关性分析。膝关节角度和踝关节角度、膝臀线与臀颈线夹角、臀颈线与右臂夹角 3 个角度之间的相关系数分别为 0.871、-0.575、-0.855（$p<0.05$）。踝关节角度和膝臀线与臀颈线夹角、臀颈线与右臂夹角之间的相关系数分别为-0.785、-0.954（$p<0.05$）。膝臀线与臀颈线夹角和臀颈线与右臂夹角的相关系数为 0.784（$p<0.05$）。可见，膝关节角度、踝关节角度、膝臀线与臀颈线夹角以及臀颈线与右臂夹角 4 个角度两两之间均具有显著相关性（$p<0.05$），其中，膝关节角度和膝臀线与臀颈线夹角、臀颈线与右臂夹角呈负相关，踝关节角度和膝臀线与臀颈线夹角、臀颈线与右臂夹角呈负相关，其他角度之间均呈正相关。

表 3-2 球员准备姿势技术部分参数（$n=60$）

指标	数据（°）
膝关节角度	144.1±12.060*
踝关节角度	65.88±19.867*
膝臀线与臀颈线夹角	140.47±12.198*
臀颈线与右臂夹角	56.62±22.849*

注：* 表示 $p<0.05$。

结果表明，在其他变量不变的情况下，膝关节角度越大，踝关节角度越大，膝臀线与臀颈线夹角越小，臀颈线与右臂夹角越小。膝关节角度、踝关节角度和膝臀线与臀颈线夹角三者之间相关系数高，这是球员为保持身体平衡和准备姿势时刻重心位置不变的结果。在高尔夫球运动中，保持身体平衡是一个重要因素。当教练给球员调整准备姿势时，不能一味要求球员只增大或者减小某一个关节或部位的角度，因为任何一个关节角度的变化，都会引起其他相关关节角度的变化。在一定范围内，臀颈线与右臂夹角不受重心位置的影响。在一般情况下，球员可在一定范围内根据自己的感受调节球杆与身体的距离。相比于其他3个关节角度，臀颈线与右臂夹角的灵活度要更高一些。但当臀颈线与右臂夹角发生变化时，其他3个关节角度也会相应发生改变，臀颈线与右臂夹角越大，膝关节角度越小，踝关节角度越小，膝臀线与臀颈线夹角越大。因此，教练发现球员准备姿势时刻球杆与身体的距离过远或过近时，不能单一考虑臀颈线与右臂夹角的问题，不能只调整该角度的大小，应对膝关节角度、踝关节角度及膝臀线与臀颈线夹角都做出相应调整。

二、上杆九点钟部分参数分析

在表3-3中，上杆九点钟球杆与左臂夹角为（139.80±8.643）°，该角度和膝关节角度、踝关节角度、臀颈线与右臂夹角、准备姿势球杆与右臂夹角的相关系数分别为-0.268、-0.277、0.291、0.285，均具有显著相关性（$p<0.05$）。其中，上杆九点钟球杆与左臂夹角和膝关节角度、踝关节角度呈负相关关系，与其他角度均呈正相关关系。当膝关节角度变小、踝关节变小、臀颈线与右臂夹角变大、准备姿势球杆与右臂夹角变大时，上杆九点钟球杆与左臂夹角变大；反之则变小。在膝关节角度变小、踝关节变小、臀颈线与右臂夹角变大、准备姿势球杆与右臂夹角变大时，球员的身体重心降低，且手与身体的距离变大，从引杆到上杆九点钟位置肩部参与较多，手部参与较少，所以上杆九点钟球杆与左臂夹角会增大。此外，我们还发现上杆九点钟球杆与左臂夹角和上杆其他时刻（七、八、十、十一、十二）球杆与手臂夹角之间均具有显著相关性（表3-4）。上杆九点钟球杆与左臂夹角和上杆其他各时刻的球杆与手臂夹角的相关系数分别为0.612、0.873、0.917、0.818、0.782（$p<0.05$）。

表 3-3　上杆九点钟球杆与左臂夹角和准备姿势部分参数分析 （$n=60$）

指标	数据 （°）
上杆九点钟球杆与左臂夹角	139.80±8.643
膝关节角度	144.1±12.060*
踝关节角度	65.88±19.867*
臀颈线与右臂夹角	56.62±22.849*
准备姿势球杆与右臂夹角	144.65±6.514*

注：* 表示 $p<0.05$。

表 3-4　上杆九点钟球杆与左臂夹角和其他上杆时刻球杆与左臂夹角参数分析 （$n=60$）

指标	数据 （°）
上杆九点钟	139.80±8.643
上杆七点钟	164.58±8.575*
上杆八点钟	149.02±7.762*
上杆十点钟	127.98±9.682*
上杆十一点钟	111.77±9.666*
上杆十二点钟	95.57±11.104*

注：* 表示 $p<0.05$。

通过以上分析，可以得出准备姿势对上杆技术存在一定影响的结论。Nesbit 等人研究表明，对球员挥杆半径进行调整可以大幅度提升击球时的速度。在挥杆过程中，挥杆半径越大，上杆蓄力越充分，加速度越大，球的飞行距离就越远。上杆九点钟球杆与左臂夹角是组成挥杆半径的一部分，球杆与手臂夹角越大，挥杆半径越大；反之，则挥杆半径越小。教练员或球员可以通过调整膝关节角度、踝关节角度和臀颈线与右臂夹角，来调整上杆九点钟球杆与左臂夹角，以达到改变上杆过程挥杆半径的目的。

三、准备姿势时杆颈角度与击球瞬间杆颈角度相关性分析

表 3-5 为准备姿势和击球瞬间两个时刻杆颈角度的相关性分析。准备姿势时杆颈角度和击球瞬间杆颈角度之间的相关系数为 0.736 （$p<0.05$），具有显著相关性。准备姿势时刻杆颈角度小于击球瞬间杆颈角度，差值为 （5.68±2.266）°。

表 3-5　准备姿势时杆颈角度和击球瞬间杆颈角度参数（$n=60$）

指标	数据（°）
准备姿势时杆颈角度	39.12±2.787
击球瞬间杆颈角度	44.80±3.318*
两者差值	5.68±2.266

注：*表示 $p<0.05$。

杆颈角度主要受球杆的杆身躺角、球员自身身高和站位高度 3 方面影响。在本研究中，球杆的杆身躺角和球员身高是固定值，造成两个时刻杆颈角度之间存在差值的原因是：相较于准备姿势时刻的站位高度，击球瞬间球员站位高度增加。由此可见，优秀女子职业高尔夫球员在击球瞬间膝臀线与臀颈线的夹角增大（图 3-5），并不是像很多高尔夫教练在教学过程中所讲的，球杆在击球瞬间要回到与准备姿势时一样的位置。准备姿势时的杆颈角度并不能代表击球时刻的杆颈角度。击球瞬间杆颈角度对球的飞行方向有一定程度的影响。在高尔夫球教学训练中，在没有其他变量影响的情况下，当球的飞行方向与目标方向出现偏差时，教练可以通过调整球员准备姿势时刻的杆颈角度来改变球员击球瞬间杆颈角度，以达到改善球飞行方向的目的。

图 3-5　准备姿势和击球瞬间对比

研究发现，膝关节角度、踝关节角度、膝臀线与臀颈线夹角以及臀颈线与右臂夹角 4 个角度两两之间均具有显著相关性。膝关节角度和膝臀线与臀颈线夹角、臀颈线与右臂夹角呈负相关，踝关节角度和膝臀线与臀颈线夹角、臀颈线与右臂夹角也呈负相关。在教学训练中，教练应综合考虑准备姿势中各个角度变化所带来的整体变化。

上杆九点钟球杆与左臂夹角和准备姿势时膝关节角度、踝关节角度、臀颈线与右臂夹角、球杆与手臂夹角具有显著相关性，上杆九点钟球杆与左臂夹角和膝关节角度、踝关节角度呈负相关。同时，上杆九点钟球杆与左臂夹角和其他上杆时刻球杆与手臂夹角之间都具有显著相关性。因此，教练员可以通过调整球员的准备姿势，改变上杆的挥杆半径，为下杆储蓄更多能量，以改善击球效果。

准备姿势时刻杆颈角度和击球瞬间杆颈角度具有显著相关性。在击球瞬间杆颈角度比准备姿势时杆颈角度大（5.68±2.266）°。在击球时刻，球员手的位置和球杆的位置并不是按照教练在训练中所要求的回到准备姿势时手及球杆的位置，这是在训练中亟待纠正的一点。

第二节　国际优秀女子高尔夫球员一号木全挥杆技术分析

由于一号木杆是下场和比赛开球的首选球杆，所以一号木挥杆技术的好坏，会直接影响球员整场球的技术发挥、战术应用，以及球员的心理状态。关于高尔夫球一号木杆挥杆技术的已有研究大多是采用募集研究对象的方式进行。R. J. Best 等人利用差点进行分组，采用录像截取的形式结合测力台对高尔夫球员挥杆过程中关键时刻进行截取，分析高尔夫挥杆过程中的重心分布。Fradkin 等人、Barrentine 等人以及 Mc Laughlin 等人利用高低水平运动员之间不同的杆头速度，即熟练的高水平球员比不熟练的业余球员拥有更高的杆头速度，以此来作为分组依据。多数实验数据是从室内实验室的打击垫上采集的，缺少国际高水平选手比赛现场实际击球动作的技术分析。本研究旨在分析国际优秀女子高尔夫球员比赛过程中一号木全挥杆技术动作特点，揭示女子高水平运动员的技术动作规律，为提高我国高尔夫运动项目的科学化训练水平提供理论依据。

本次研究选取的研究对象为 2019 年乐卡克北京女子精英赛比赛过程中拍摄的张维维、杜墨晗等国内外共 60 名参赛球员。球员平均年龄为（23.59 ± 4.72）岁，平均转职业时间为（5.27 ± 3.20）年，平均开球距离为（238.45 ± 10.91）码，平均开球上球道率为（73.34 ± 8.14）%。

通过 LPGA 和 CLPGA 官方网站收集球员相关数据信息及赛事资料，以完善本书的研究需要。通过中国知网、万方数据库，并查阅相关书籍，收集相关的文献资料，了解高尔夫球挥杆技术的研究现状及现阶段的研究成果，为本研究提供参考借鉴和理论依据。

采用索尼 RX10 高速摄像机，拟采样频率为 1000 帧/秒，两台摄像机摆放在同一水平面内，分别位于距高尔夫球员约10m远的前、右方位置，主光轴夹角为90°，拍摄范围从球员的瞄球姿势开始，到收杆动作结束，并进行录像解析。

用 DART FISH 录像分析软件，分析录像中关键时刻的关节角度、挥杆节奏等相关数据，采用 SPSS 19.0 对所获得的运动学参数进行描述性统计和 t 检验，以及双变量相关性分析，结果以平均数和标准差（$\bar{x}\pm SD$）表示，$p<0.05$ 为数据具有统计学意义。

李淑媛在对高尔夫球员一号木全挥杆技术动作的运动学进行分析时，将全挥杆技术划分为上杆、下杆及随挥3个阶段。Williams、Cavanagh 在对全挥杆动作进行相关动力学研究时，将全挥杆动作阶段的划分增加了关键帧，对全挥杆动作设定为开始准备、上杆初期、上杆中期、上杆顶点、下杆中期、触球、随挥初期和随挥末期8个阶段。本研究为更加直观清晰地描述高尔夫全挥杆技术的过程，将全挥杆技术动作分为准备姿势—上杆九点钟、上杆九点钟—上杆十二点钟、上杆十二点钟—上杆顶点、上杆顶点—下杆九点钟、下杆九点钟—击球瞬间、击球瞬间—送杆三点钟、送杆三点钟—随挥结束8个关键时刻、7个挥杆阶段，如图3-6所示，以右利手球员为例。

图 3-6 高尔夫全挥杆技术的阶段划分

一、一号木全挥杆阶段用时分析

从准备姿势、上杆九点钟、上杆十二点钟、上杆顶点、下杆九点钟、击球瞬间、送杆三点钟、随挥结束8个关键时刻和7个挥杆阶段，以及不同时刻之间的相互关系,对 60 名球员一号木全挥杆技术动作进行分析研究。

表 3-6 为上杆、下杆和随挥 3 个阶段的事件分析结果,从上杆启动到上杆顶点,所用时间为 (1.02±0.14) s;从上杆顶点到击球瞬间所用时间较短,为 (0.28±0.04) s;击球后到挥杆结束用时为 (0.99±0.13) s,整个挥杆用时为 (2.29±0.23) s。上杆用时是下杆时间的 (3.7±0.64) 倍。冠军张维维上杆时间为 0.89s,下杆时间为 0.23s,三轮比赛的平均开球距离为 254.5 码,开球准确率为 83.3%。

表 3-6 一号木全挥杆阶段挥杆节奏分析数据 ($n=60$)

	准备姿势到上杆顶点	上杆顶点到击球瞬间	击球瞬间到挥杆结束	总用时
时间 (s)	1.02±0.14	0.28±0.04	0.99±0.13	2.29±0.23

注:结果以平均数和标准差 ($\bar{x}$±SD) 表示。

Cochran A. 和 Stobbs J. 在研究高尔夫优秀球员的挥杆动作时发现,顶尖球员上杆阶段时长约为 0.82s,下杆阶段时长约为 0.23s。每个人的挥杆节奏都有所不同,有快有慢,但是,每一位优秀的职业球员都会有一个相对稳定的上、下杆时间比例。Jiann-Jyh Wang 在研究中发现不同运动节奏和肌肉收缩方式下,球头速度差异显著,Koichior 在研究高尔夫球员挥杆的基本要素时发现职业球员在开始上杆到上杆顶点与启动下杆至触球之间的时间比例为 4:1,车旭升在研究高尔夫木杆挥杆技术动作的运动力学分析中得出同样的结果,本研究中上杆用时是下杆时间的 (3.7±0.64) 倍。

挥杆动作的各部分用时和挥杆过程中身体各个部位的发力顺序能够体现挥杆节奏的好坏。高尔夫挥杆技术既要发力顺序正确,又要挥杆快慢合理,以此挥杆才能流畅,击球才能稳定,动作可重复性才会更高。当球员为了增加击球距离而更用力挥杆时,虽然挥杆速度得到提高,但是球杆杆头速度过快容易失控导致失误;但球员更多是因为上杆速度过快,用尽力气,不能控制好挥杆节奏,实质杆头速度也未增加,难以扎实击球。

由表 3-7 可知,在乐卡克比赛中所有参赛球员 3 轮比赛中平均开球距离为 (238.0±11.6) 码;LPGA 女子高尔夫职业巡回赛中前 30 名球员平均开球距离为 (259.9±4.6) 码,开球距离差距较大。

表 3-7　参赛球员 3 轮比赛中平均开球距离

	乐卡克优秀球员	世界顶级球员
平均开球距离（码）	238.0±11.6	259.9±4.6

2007 年，在夏威夷举行的冠军杯比赛上，Dustin Johnson 用一号木狂轰 428 码。作为高尔夫运动中最具影响力的球员之一，他表示，现代高尔夫超远的击球距离已不再是这项运动发展的利好，但理想距离的开球，可以给球员带来显著的优势，能为"抓鸟、射鹰"创造有利条件。但据调查，在韩国，职业高尔夫球运动员中，仅有 42.0% 的运动员对木杆有信心，可能现阶段球员对一号木开球的信心有所增加。

二、准备姿势时杆身倾斜角度与击球瞬间杆身倾斜角度相关性分析

表 3-8 为准备姿势时杆身倾斜角度与击球瞬间杆身倾斜角度相关性分析结果，通过分析 60 名球员准备姿势时和击球瞬间相关数据发现，准备姿势时杆身倾斜角度和击球瞬间杆身倾斜角度分别为 （91.07±4.19）°和（86.17±3.92）°，两者具有显著相关性（$p<0.05$）。动作记忆是形象记忆的一种特殊形式，以操作过的动作所形成的动作表象为前提，容易保持、恢复，不易遗忘，凡是人们头脑里保持的做过的动作及动作模式，都属于动作记忆。这类记忆对人们动作的连贯性、精确性具有重要意义。击球瞬间的动作可以理解为准备姿势的动作记忆。

表 3-8　准备姿势时杆身倾斜角度与击球瞬间杆身倾斜角度相关性分析数据（$n=60$）

准备姿势时杆身倾斜角度（°）	击球瞬间杆身倾斜角度（°）
91.07±4.19*	86.17±3.92*

注：*表示 $p<0.05$，两者之间具有显著性相关。

因此，准备姿势时杆身倾斜角度越小，击球瞬间杆身倾斜角度就越小，击球角度影响球飞行路线的高低，击球瞬间杆身倾斜角度小，杆面角度就会相应变小，球的飞行路线就会偏低；反之，击球瞬间杆身倾斜角度较大，杆面角度就会相对大一些，击出的球飞行路线偏高。当球员为适应球场环境和地形，需调节球的飞行路线高低时，可以通过调整准备姿势时杆身的倾斜角度来调整击球瞬间的杆身倾斜角度，从而改变击球瞬间的杆面角度以达到特定的击球效果（图 3-7、图 3-8）。

图 3-7　准备姿势时杆身倾斜角度 　　　图 3-8　击球瞬间杆身倾斜角度

三、准备姿势时球杆与左手臂夹角对上杆过程相关性分析

表 3-9 为准备姿势时球杆与左手臂夹角（图 3-9）及上杆过程中各时刻球杆与左手臂夹角（图 3-10）的相关性分析，准备姿势时球杆与左手臂夹角以及上杆过程中 6 个时刻球杆与左手臂夹分别为（171.49±4.69）°、（164.59±8.52）°、（148.94±7.68）°、（139.76±8.60）°、（128.01±9.69）°、（111.78±9.58）°和（95.55±11.10）°。准备姿势时球杆与左手臂夹角与上杆过程中 6 个时刻球杆与左手臂夹角具有显著负相关性（$p<0.05$），即准备姿势时球杆与左手臂夹角角度越大，挥杆过程中球杆与左手臂夹角越大。

图 3-9　准备姿势时球杆与左手臂夹角

第三章 国际优秀女子高尔夫球选手挥杆动作技术分析

图 3-10 上杆过程中挥杆与左手臂夹角

表 3-9 准备姿势时球杆与左手臂夹角及上杆过程中球杆与左手臂夹角的相关性分析数据（$n=60$）

	准备姿势	上杆七点钟	上杆八点钟	上杆九点钟	上杆十点钟	上杆十一点钟	上杆十二点钟
球杆与左手臂夹（°）	171.49±4.69	164.59±8.52*	148.94±7.68*	139.76±8.60*	128.01±9.69*	111.78±9.58*	95.55±11.10*

注：*$p<0.05$，两者之间具有显著相关性。

上杆七点钟与准备姿势球杆与左手臂夹角均值差 6.9°，上杆八点钟与上杆七点钟球杆与左手臂夹角均值差 15.59°，上杆九点钟与上杆八点钟球杆与左手臂夹角均值差 9.18°，上杆十点钟与上杆九点钟球杆与左手臂夹角均值差 11.75°，上杆十一点钟与上杆十点钟球杆与左手臂夹角均值差 16.23°，上杆十二点钟与上杆十一点钟球杆与左手臂夹角均值差 16.23°。

上杆时通过转肩来带动整个上杆动作。根据分析可以看出，球杆与左手臂夹角在十点钟与十一点钟之间及后续上杆过程具有较大的角度变化，十点钟之前球杆与手臂夹角角度变化不大，可能是因为肩部旋转角度达到峰值，上杆的后续过程肩膀转动幅度较小，手腕转动角度较大，为下杆储蓄较多的力量。

表 3-10 为准备姿势时球杆与左手臂夹角及下杆过程中各时刻球杆与左手臂夹角的相关性分析。下杆过程中 6 个时刻球杆与左手臂夹分别为（73.62±7.10）°、（92.00±7.01）°、（109.53±6.64）°、（125.37±8.12）°、（137.34±9.25）°和（155.26±8.37）°。下杆十一点钟和下杆九点钟时刻的球杆与左手臂夹角具有显著相关性（$p<0.05$）。下杆十二点钟与下杆十一点钟球杆与左手臂夹角

均值差 18.38°，下杆十一点钟与下杆十点钟球杆与左手臂夹角均值差 17.53°，下杆十点钟与下杆九点钟球杆与左手臂夹角均值差 15.84°，下杆九点钟与下杆八点钟球杆与左手臂夹角均值差 11.97°，下杆八点钟与下杆七点钟球杆与左手臂夹角均值差 17.92°。

表 3-10 准备姿势时球杆与左手臂夹角及下杆过程中球杆与左手臂夹角的相关性分析数据

	下杆十二点钟	下杆十一点钟	下杆十点钟	下杆九点钟	下杆八点钟	下杆七点钟
球杆与左手臂夹角（°）	73.62± 7.10	92.00± 7.01*	109.53± 6.64	125.37± 8.12*	137.34± 9.25	155.26± 8.37

注：*$p<0.05$，两者之间具有显著相关关系。

经分析，在下杆九点钟到下杆八点钟球杆与左手臂夹角变化较小，在八点钟与七点钟之间又突然变大，可能是因为肩关节继续转动，而手腕角度在较小范围内变化，为击球瞬间积蓄力量，从而提升杆头速度，增加击球距离。

球杆与手臂的夹角会对挥杆半径产生一定的影响，进而影响杆头速度和击球效果，最终对击球距离产生影响。在特定关键时刻，如果球杆与手臂夹角较大，说明特定关键时刻手腕的立腕角度较大，肩部旋转角度较小，杆头离身体较近，导致挥杆半径减小，下杆力量释放不完全，从而影响击球距离。但在上杆过程中球员刻意伸直左臂会限制肩关节转动，减小上杆幅度，同时容易让手臂主导挥杆。球员可以通过锻炼肩部的柔韧性，给左臂更大的空间，以增加上杆幅度。

四、影响收杆幅度的相关因素分析

表 3-11 为挥杆过程各时刻（准备姿势、上杆九点钟、下杆九点钟和击球瞬间）球杆与左手臂夹角与送杆三点钟球杆与左手臂夹角的相关性分析。从准备姿势时刻开始到击球瞬间整个挥杆过程与送杆三点钟方向的左手臂与球杆夹角具有显著相关性，其中准备姿势时球杆与左手臂夹角与送杆三点钟球杆与左手臂夹角呈负相关。

表 3-11 挥杆过程各时刻与送杆三点钟球杆与左手臂夹角的相关性数据

	准备姿势	上杆九点钟	下杆九点钟	击球瞬间	送杆三点钟
球杆与左臂夹角（°）	171.49±4.69*	139.76±8.60*	125.37±8.12*	172.74±8.22*	171.86±7.72

注：*$p<0.05$，两者之间具有显著相关关系。

高尔夫一号木全挥杆技术是一个连贯的，按一定顺序进行的技术动作。送杆是高尔夫挥杆动作中的重要组成部分，是击球区域的三个位置的最后一个，送杆动作是否充分将直接影响击球的质量。送杆是为了获得更好的击球方向和更远的击球距离。如果击球后缺少送杆动作，上杆过程中储蓄的力量就得不到有效释放，这是因为挥杆速度最快的那个点不是在触球一刹那，而是在触球结束后，想把球打得更远就要以最快的速度击球，而不是击球后就停止了。

研究发现，优秀的女子高尔夫球员一号木上杆时间为下杆时间的（3.7±0.64）倍，每个球员的上下杆时间均不相同，挥杆节奏也不同，在教学和训练中应区别对待，因材施教。准备姿势时，球杆与左手臂夹角与上杆过程中6个时刻球杆与左手臂夹角具有显著负相关性（$p<0.05$），说明准备姿势在整个挥杆过程中起到至关重要的作用，影响整个挥杆过程。准备姿势时球杆与左手臂夹角与下杆十一点钟和下杆九点钟的球杆与左手臂夹角具有显著相关性（$p<0.05$），准备姿势时球杆与左手臂夹角与全挥杆过程中的对应角度具有显著相关性，送杆三点钟方向的球杆与左手臂夹角与准备姿势、上杆九点钟、下杆九点钟和击球瞬间具有显著相关性（$p<0.05$），说明送杆是检验高尔夫挥杆技术动作的重要参考动作。

第四章 CHAPTER 04
中国优秀女子高尔夫球选手与世界其他国家优秀选手技术对比分析

第一节 中国 4 名优秀球员与世界其他国家优秀球员参加 LPGA 的各项技术指标对比分析与建议

中国 4 名优秀球员是目前中国国家奥运集训队的 4 名队员，也是我国女子目前世界排名最高的 4 名球员，她们是冯珊珊、刘钰、阎婧和林希妤（世界排名分别是第 25 名、第 32 名、第 78 名和第 102 名，以 2020 年 8 月 3 日公布的世界排名为准）。冯珊珊 30 岁，刘钰、阎婧和林希妤均为 24 岁。她们转职业球员的时间是：冯珊珊 2008 年，林希妤 2014 年，阎菁 2015 年，刘钰 2018 年。LPGA 杆数排名前 100 名球员的其他技术参数均为此 100 名球员的技术参数。

一、平均开球距离及排名比较（表 4-1）

表 4-1 世界优秀球员与中国优秀球员不同年份参加 LPGA 平均开球距离（码）统计数据

名次	年份（年）							
	2012	2013	2014	2015	2016	2017	2018	2019
前 10 名	252.92	248.07	252.76	253.09	259.96	256.99	261.57	269.83
第 11~20 名	254.01	253.21	251.38	250.43	260.94	255	256	264.6
第 21~50 名	251.93	248.96	250.48	249.36	252.39	255.39	253.02	262.5
第 51~100 名	249.77	245.17	247.75	247.69	251.68	252.68	251.58	264.58

第四章　中国优秀女子高尔夫球选手与世界其他国家优秀选手技术对比分析

续表

名次	年份（年）							
	2012	2013	2014	2015	2016	2017	2018	2019
冯珊珊	256.34	253.66	253.899	248.994	254.03	249.89	249.63	255.23
开球距离排名	36	37	39	70	67	97	102	102
刘钰	-	-	-	-	-	-	262.3	270.12
开球距离排名	-	-	-	-	-	-	25	19
阎菁	-	-	-	243.01	245.19	246.77	242.44	254.7
开球距离排名	-	-	-	106	133	116	152	106
林希妤	-	-	254.46	248.5	247.28	249.89	249.22	258.91
开球距离排名	-	-	35	74	118	98	106	69

对表4-1的数据进行具体分析如下：

(1) 冯珊珊的平均开球距离情况分析。

2012—2019年的8年间，冯珊珊的平均开球距离波动不大，说明其技术水平、发挥比较稳定，这是冯珊珊取得较好杆数的基本保障。冯珊珊在2012年、2013年、2014年的平均开球距离均超过杆数排名前10名球员的平均距离，占据一定优势地位。而2015年后的开球距离技术统计已经远远落后于杆数排名在前20名球员的平均开球距离，并且差距在逐渐拉大，尤其是2019年的平均开球距离为255.23码，单项技术统计排名为102名，已经跌出100名以外，开球距离已经逐渐成为其技术短板。从冯珊珊平均开球距离的排名来看，其2012年的排名是第36名，也是其8年来的最高排名，2019年的开球距离单项技术统计排名为第102名。其开球距离虽然变化不大，2019年与2012年仅仅相差1.11码，但是其单项技术排名却是相差甚远，并且单项技术排名一路下滑，这也反映了世界其他优秀球员的开球距离在不断增长，而冯珊珊的开球距离却在原地踏步，已经从其优势逐渐变为劣势。

(2) 刘钰的平均开球距离情况分析。

刘钰是在2018年进入LPGA的，其2018年的平均开球距离为262.3码、2019年的平均开球距离达到了270.12码，从2018年和2019年杆数排名前10位球员的开球距离来看，刘钰的开球距离已经超过了杆数排名前10名球员的平均开球距离，这反映出刘钰虽然杆数排名比较靠后，但其具有较大潜力进入杆数排名前10位。

我们从单项技术排名来看,刘钰的开球距离在 2108 年所有的 LPGA 球员中排名第 25 名,2019 年排名第 19 名。这表明,一是刘钰的开球距离还没有达到顶级水平,还有很大的上升空间;二是刘钰的进步比较大,正处于上升阶段。

(3) 阎菁的平均开球距离情况分析。

阎菁是在 2015 年进入 LPGA 的,其 2015—2019 年的平均开球距离分别为 243.01 码、245.19 码、246.77 码、242.44 码和 254.7 码,从其开球距离的历年成绩比较来看,其开球距离 5 年间提高了 11.69 码,但其 2015—2019 年的排名分别是 106 名、133 名、116 名、152 名和 106 名,其间虽有所进步,但基本上是在原地踏步或者是下滑趋势,开球距离成为阎菁进一步提升自己排名的短板。

(4) 林希妤的平均开球距离情况分析。

林希妤是在 2014 年进入 LPGA 的,其 2014—2019 年的平均开球距离分别为 254.46 码、248.5 码、247.28 码、249.89 码、249.22 码和 258.91 码,从其开球距离的历年成绩比较来看,其开球距离 6 年间只提高了 4.45 码,其 2014—2019 年的排名分别是 35 名、74 名、118 名、98 名、106 名和 69 名,开球距离的排名变化比较大,说明其开球距离的稳定性相对较差。对比林希妤 2014 年和 2019 年的开球距离及排名可以看出,林希妤 2019 年的开球距离比 2014 年平均远了 4.45 码,但其单项技术排名由原来的第 35 名下降到第 69 名,这说明 LPGA 球员的开球距离相对缩短了,所以林希妤的开球距离需要进一步提升,才能够跟上女子高尔夫运动的发展。

二、平均上球道率及排名比较(表 4-2)

表 4-2　世界优秀球员与中国优秀球员不同年份参加 LPGA 平均上球道率(%)统计数据

名次	年份(年)							
	2012	2013	2014	2015	2016	2017	2018	2019
前 10 名	76.23	78.67	76.45	75.09	72.03	76.37	69.93	73.73
第 11~20 名	70.85	74.64	75.38	74.33	70.53	76.21	74.48	73.25
第 21~50 名	72.03	72.38	72.43	73.77	73.76	74.34	74.32	72.04
第 51~100 名	69.83	72.43	73.04	70.24	69.71	72.75	70.95	71.49
冯珊珊	76.8	77.2	78.5	81.1	75.9	81.1	82.6	81.06
上球道率排名	18	33	26	5	30	14	7	8

第四章　中国优秀女子高尔夫球选手与世界其他国家优秀选手技术对比分析

续表

名次	年份（年）							
	2012	2013	2014	2015	2016	2017	2018	2019
刘钰	—	—	—	—	—	—	67.90	70.81
上球道率排名	—	—	—	—	—	—	117	81
阎菁	—	—	—	73.5	65.70	76.00	72.6	73.84
上球道率排名	—	—	—	61	120	50	62	45
林希妤	—	—	73.70	74.25	76.00	78.50	74.60	73.88
上球道率排名	—	—	69	57	28	24	45	44

对表 4-2 的数据进行具体分析如下：

（1）冯珊珊的上球道率情况分析。

冯珊珊一号木杆的上球道率在 2012—2019 年均维持在较高的水平，其每年的上球道率与杆数前 10 名球员的上球道率相比，基本上都高于杆数前 10 名球员的平均值，并且差距较大；特别是 2018 年、2019 年的上球道率显著高于杆数前 10 名球员的平均值，位列 LPGA 当年单项技术排名的前 10 名，这也是冯珊珊的长处之一。虽然冯珊珊的上球道率比较高，但由于其开球距离比较近，导致她在进攻果岭时使用的球杆比较长，对进攻果岭的效果造成一定的影响，其进攻果岭的效率比较低，上球道率转化为标 on 率的效率相对较低，主要是受其开球距离的影响。

（2）刘钰的上球道率情况分析。

刘钰在 2018 年、2019 年的上球道率分别为 67.90% 和 70.81%，上球道率单项技术的排名分别排在第 117 名和第 81 名。从开球的准确性上来看，刘钰的上球道率并不占有优势，但其排名提升的幅度还是比较大的，无论是开球距离还是开球的准确性都处于上升阶段。

（3）阎菁的上球道率情况分析。

阎菁开球的准确性在 2015—2019 年波动比较大，说明其开球技术的稳定性不够，其开球的准确性在 2017 年、2018 年、2019 年这 3 年期间基本上在 50 名上下徘徊，并且有逐渐提升的趋势。

（4）林希妤的上球道率情况分析。

林希妤开球的准确性在 2014—2019 年的 6 年间单项技术排名为 69 名、57 名、28 名、24 名、45 名和 44 名，开球水平处于中上水平。结合林希妤的开球距离分析，其开球的整体水平处于 LPGA 的中等水平；她未来要想有更好发展，应在提升准确性的基础上，进一步提高开球的距离。林希妤在 2015 年的上球道率为 74.25%，排名第 57 名，2018 年的上球道率为 74.60%，排名第 45 名，2019 年的上球道率为 73.88%，排名第 44 名。从其准确性和排名的变化可以看出，林希妤的上球道率在逐渐降低，而其单项技术统计排名却在不断上升，说明 LPGA 整体的上球道率在下降，林希妤的上球道率在相对上升。

从 2019 年在上海旗忠花园高尔夫俱乐部举行的 LPGA 中国精英赛上林希妤的表现来看，其开球距离还有很大的上升空间。

三、平均标 on 率及排名比较（表 4-3）

表 4-3 世界优秀球员与中国优秀球员不同年份参加 LPGA 平均标 on 率（%）统计数据

名次	年份（年）							
	2012	2013	2014	2015	2016	2017	2018	2019
前 10 名	72.38	73.23	74.95	74.18	73.37	75.28	73.52	75.84
第 11~20 名	71.01	72.1	70.72	70.5	72.82	72.73	72.73	74.33
第 21~50 名	68.76	68.11	68.9	69.31	69.93	70.51	70.33	71.13
第 51~100 名	65.35	65.32	67.34	66.35	66.3	68.23	66.85	68.8
冯珊珊	73	74.6	74.8	75.2	74.7	76.2	72.8	74.93
标 on 率排名	6	6	6	5	5	5	17	11
刘钰	-	-	-	-	-	-	73.50	75.78
标 on 率排名	-	-	-	-	-	-	12	5
阎菁	-	-	-	62.80	61.40	65.00	56.50	73.13
标 on 率排名	-	-	-	117	138	128	163	30
林希妤	-	-	68.9	71.8	67.8	66.9	69.10	72.65
标 on 率排名	-	-	50	18	67	100	58	34

从 LPGA 杆数排名前 100 名球员的标 on 率来看，不同水平球员的标 on 率是有显著相关性的，并且不存在低排名球员的标 on 率超过高排名球员的现象。对表 4-3 的数据进行具体分析如下：

（1）冯珊珊的标 on 率情况分析。

冯珊珊的标 on 率在 2018 年之前一直稳定在第 6 名或第 5 名的位置，但 2018

第四章 中国优秀女子高尔夫球选手与世界其他国家优秀选手技术对比分析

年其标 on 率下滑到第 17 名，2019 年为第 11 名。出现这一结果的原因在于 2016 年之前 LPGA 球员的开球距离相差较小，对球员标 on 率的影响较小，而 2016 年之后，球员的平均开球距离均有所增加，对球员标 on 率的影响增大，而上球道率对标 on 率的影响相对减小；特别是 2019 年的平均开球距离有了质的提升，而冯珊珊的开球距离反而处在相对下降的过程中，这也是冯珊珊的标 on 率相对下降的原因。由于冯珊珊的开球距离较近，所以其在进攻果岭时的距离相对较远，其进攻果岭时使用的球杆就会较长，与距离果岭更近的球员相比，她要想更加精准就会更困难一些，这也是冯珊珊的上球道率很高，但其标 on 率并不是很高的原因。如果对冯珊珊和刘钰 2018 年和 2019 年的标 on 率、开球距离和开球的准确性进行比较，就会发现，刘钰的上球道率比冯珊珊低了十几个百分点，但刘钰的标 on 率却比冯珊珊要高，主要是刘钰的开球距离在 2018 年、2019 年分别比冯珊珊远了 12.67 码和 14.89 码，刘钰的开球距离、相同的球杆击球距离都会比冯珊珊远，那么其在进攻果岭时选择的球杆就会比冯珊珊短 1~3 个级别。因此，对于为何刘钰的标 on 率高于冯珊珊，我们就很容易理解了。

（2）刘钰的标 on 率情况分析。

刘钰的标 on 率在 2018 年、2019 年分别排在 LPGA 球员的第 12 名和第 5 名，说明刘钰的发展潜力巨大，具备进入世界前列的潜力。刘钰的开球距离较远，虽然其开球的准确性（上球道率）较低，但其进攻果岭的效率较高，反映刘钰的基本功比较扎实，在困难球位进攻果岭的效率较高，也进一步反映刘钰不同球杆的综合运用能力较强，所以其世界排名进步较快也就很容易理解了。

（3）阎菁的标 on 率情况分析。

阎菁在 2015—2019 年的标 on 率分别为 62.80%、61.40%、65.00%、56.50% 和 73.13%，标 on 率在 LPGA 的排名分别是 117 名、138 名、128 名、163 名和 30 名。那么，阎菁的标 on 率为什么会出现这样的结果呢？结合阎菁的上球道率和开球距离来看，阎菁 2019 年开球的准确性为 73.84%，达到自己的最好名次（当年排名为 45 名），开球距离为 254.7 码，比 2018 年的开球距离增加了 12.36 码，是其近年来的最好成绩。阎菁 2109 年平均开球距离的增加、上球道率的提高为其进攻果岭创造了很好的条件，平均距离增加十余码，其选择的球杆会短 1~2 号，那么其进攻果岭的准确性会相应提高，进攻果岭的效果也会提高，这也是阎菁 2019 年标 on 率出现较大飞跃的重要原因之一。此外，这也可能是阎菁的其他球杆运用技术得到提高的结果。

(4) 林希妤的标 on 率情况分析。

林希妤在 2014—2019 年的标 on 率分别为 68.9%、71.8%、67.8%、66.9%、69.1% 和 72.65%，其标 on 率在当年 LPGA 单项技术统计的排名分别是 50 名、18 名、67 名、100 名、58 名和 34 名。从近 6 年来林希妤的标 on 率排名情况来看，其在 2015 年的标 on 率为 71.8%，排第 18 名，2019 年的标 on 率是 72.65%，但其排名却为 34 名。由此可见，LPGA 球员整体的标 on 率在提高，林希妤的标 on 率是相对下降的。分析林希妤自身标 on 率提高的主要原因可能包括：①其开球距离有所提高，为其进攻果岭创造了良好条件；②其运用各种球杆的技术水平及综合能力有所提高，将开球创造的优势转化为标 on 率。

四、每轮平均推杆数及排名比较（表 4-4）

表 4-4 世界优秀球员与中国优秀球员不同年份参加
LPGA 平均推杆数（推）统计数据

名次	2012	2013	2014	2015	2016	2017	2018	2019
前 10 名	29.5	29.65	29.96	29.64	29.45	29.46	29.41	29.69
第 11~20 名	29.83	29.92	29.91	29.56	28.9	29.41	29.5	29.91
第 21~50 名	30.04	29.86	29.91	29.97	29.81	29.64	29.74	29.94
第 51~100 名	30.31	30.2	30.38	30.12	29.91	29.93	29.75	30.36
冯珊珊	30.16	30.21	30.31	30.25	29.7	29.8	29.5	29.95
推杆排名	61	80	80	85	52	64	47	66
刘钰	-	-	-	-	-	-	30.44	30.69
推杆排名	-	-	-	-	-	-	130	119
阎菁	-	-	-	29.7	29.26	29.72	29.49	29.82
推杆排名	-	-	-	38	21	54	45	41
林希妤	-	-	30.67	30.11	29.68	30.98	30.89	30.52
推杆排名	-	-	113	68	48	154	159	107

对表 4-4 数据进行具体分析如下：

(1) 冯珊珊的平均推杆数情况分析。

2012—2019 年，冯珊珊的推杆杆数在 30 上下，其 2012 年平均每轮推杆杆数

第四章　中国优秀女子高尔夫球选手与世界其他国家优秀选手技术对比分析

为30.16推，LPGA单项技术排名为61名，2017年和2019年平均每轮推杆分别为29.8推和29.95推，但其排名分别为64名和66名，这也从侧面反映了LPGA总体的推杆数在减少，其总体水平在提高，而冯珊珊的推杆成绩虽然在提高，但其推杆水平与其他球员相比仍呈下降趋势。

（2）刘钰的平均推杆数情况分析。

2018年和2019年刘钰的平均推杆杆数分别为30.44推和30.69推，在LPGA的单项技术排名中排在第130名和119名，推杆单项技术排名都在100名之外。刘钰的推杆与LPGA杆数排名前10名的球员相比，2018年和2019年她分别多了1.03推和1推，比第11~20名的球员分别高了0.96推和0.78推，比第21~50名的球员高0.7推和0.75推，比第51~100名的球员分别多了0.69推和0.33推。如果放大到每场比赛，则每轮比赛分别比其他球员多4.12推和4推、3.84推和3.12推、2.8推和3推及2.96推和1.32推。这也充分说明刘钰的推杆是其技术的短板。如果刘钰的推杆水平能够像开球距离和标on率那样，其整体成绩就会有质的飞跃，进入世界排名前10名指日可待。分析出现这一结果的可能原因有以下几点：①刘钰的标on率比较高，所以其推杆数相对较高；②刘钰的推杆技术水平确实相对较差，需要进一步提高。

（3）阎菁的平均推杆数情况分析。

2015—2019年阎菁的平均推杆数分别为29.7推、29.26推、29.72推、29.49推和29.82推，在LPGA的单项技术排名中分别排在38名、21名、54名、45名和41名，推杆单项技术排名均在前50名之内。阎菁的推杆杆数与LPGA杆数排名前10名、第11~20名、第21~50名和第51~100名的球员相比无较大差距，反而有一定的优势。这是阎菁能够在LPGA立足的根本。

（4）林希妤的平均推杆数情况分析。

2014—2019年林希妤的平均推杆数分别为30.67推、30.11推、29.68推、30.98推、30.89推和30.52推，在LPGA的单项技术排名中分别排在113名、68名、48名、154名、159名和107名，推杆单项技术的排名非常不稳定，也就是说林希妤的推杆技术的稳定性比较差。林希妤的推杆杆数与LPGA杆数排名前10名的球员相比每轮分别多了0.71推、0.47推、0.23推、1.52推、1.48推和0.83推；与第11~20名的球员相比每轮分别多了0.76推、0.55推、0.78推、1.57推、1.39推和0.58推；与第21~50名球员相比每轮分别多了0.76推、0.14推、-0.13推、1.34推、1.15推和0.58推；与第51~100名的球员相比，每轮分别多了0.29推、0.05推、-0.23推、1.05推、1.14推和0.16推。特别是近三年来，林希妤的推杆成绩都在100名以外，2017年和2018年每轮比平均杆数多1杆多，每场比赛的推杆杆数就比其他球员多了4~6杆。林希妤在推杆上没有任何优势，反而是其短板。这是林希妤平均杆数在LPGA的排名始终在100名之外的主要原因之一。通过2019年在上海旗忠花园高尔夫俱乐部举行的LPGA精英赛上近距离观察林希妤的推杆技术发现，其在推杆方面存在如下问题：①在复杂情况时，对果岭的判断存在问题；②对下坡球位的力度把握不准确；③对6~7码以内的推杆力度把握较好，但方向判断不够准确；④与球童的配合存在一定的问题，或者球童为其提供的帮助不够。综上所述，林希妤的推杆是制约其整体水平的主要因素，要想提高成绩，需要尽快改进推杆水平。

五、平均杆数、杆数排名及世界积分排名比较

平均杆数是球员一年成绩的最直接体现，其杆数的多少反映其竞技水平的高低。从表4-5的数据可以看出，2012—2019年LPGA不同排名球员的杆数呈逐渐下降趋势。前10名球员2012年平均杆数为70.56杆，2017年、2018年和2019年球员的平均杆数分别比2012年少1.35杆、0.62杆和0.82杆；第11~20名球员在2017年、2018年和2019年的平均杆数分别比2012年少0.98杆、0.81杆和0.67杆；第21~50名球员在2017年、2018年和2019年平均杆数分别比2012年少1.09杆、0.84杆和0.84杆；第51~100名球员在2017年、2018年和2019年平均杆数分别比2012年少1.31杆、1.19杆和0.93杆。那么，中国女子球员的表现情况如何呢？下面我们对这个问题进行分析。

表4-5 中国优秀球员与世界优秀球员不同年份参加LPGA杆数（杆）

名次	年份（年）							
	2012	2013	2014	2015	2016	2017	2018	2019
前10名	70.56	70.25	70.12	70.07	70.2	69.21	69.94	69.74
第11~20名	71.14	70.85	70.97	70.92	70.53	70.16	70.33	70.47
第21~50名	71.96	71.66	71.56	71.53	71.27	70.87	71.12	71.12
第51~100名	73.06	72.63	72.32	72.39	72.15	71.75	71.87	72.13
冯珊珊	70.84	70.37	70.37	70.44	69.88	69.79	70.42	70.23
当年杆数排名	8	6	7	9	4	8	18	16

第四章 中国优秀女子高尔夫球选手与世界其他国家优秀选手技术对比分析

续表

名次	年份（年）							
	2012	2013	2014	2015	2016	2017	2018	2019
刘钰	—	—	—	—	—	—	70.99	70.45
当年杆数排名	—	—	—	—	—	—	30	20
阎菁	—	—	—	72.8	72.88	72.31	74.16	70.59
当年杆数排名	—	—	—	95	112	112	158	26
林希妤	—	—	72.42	71.19	71.59	73.28	72.43	71.18
当年杆数排名	—	—	78	20	48	149	110	53

对表 4-5 的数据进行具体分析如下：

（1）冯珊珊的杆数情况分析。

从冯珊珊 2012—2019 年的平均杆数情况来看，2017 年之前她的平均杆数都是在前 10 名之内，2017 年其平均杆数达到顶峰，同一年的 11 月 11 日她的世界积分排名荣登第一；而 2018 年和 2019 年平均杆数排名则下滑到 18 名和 16 名，冯珊珊在 2019 年的平均杆数比 2015 年之前 4 年的平均杆数还要低，但平均杆数排名却下降了将近 10 名，这充分说明 LPGA 的整体水平有所提高；而对于冯珊珊的平均杆数来讲，虽然其有所减少，但排名却在下滑，说明冯珊珊的提高幅度没有跟上整体水平，所以她的杆数排名相对下降。那么，为什么冯珊珊的杆数排名比其世界排名高那么多呢？分析其主要原因在于冯珊珊 2018 年和 2019 年的成绩比较平稳，获胜的次数较少，所以其世界排名会相对下滑。结合其他技术统计指标分析，冯珊珊的开球距离在 2018 年和 2019 年排名都在 102 名；开球的准确性在 2018 年和 2019 年之前排名都在前 10 名之内；标 on 率在 2018 年之前的 6 年内都在 5~6 名，但 2018 年和 2019 年其标 on 率排名下降到第 17 名和第 11 名；冯珊珊的推杆数在 2019 年排名第 66 位。

（2）刘钰的杆数情况分析。

刘钰是在 2018 年转为职业球员的，她在参加 LPGA 第 1 年的平均杆数为 70.99 杆，杆数排名为第 30 名。由于其刚刚转为职业球员，世界排名积分比较低，但其起点比较高，在 2019 年的 LPGA 杆数排名已经达到第 20 名，进步很大。分析出现这一结果的主要原因在于，刘钰的开球距离较远，2018 年和 2019 年分别为 262.3 码和 270.12 码，其开球距离比杆数排名前 10 名球员的平均开球距离还要远，而标 on 率在 2018 年和 2019 年分别排在单项技术条件排名的第 12

名和第5名,因此刘钰在2018年和2019年的杆数排名分别为第30名和第20名是很正常的,但其推杆技术统计排名在100名以外,成了制约其成绩的主要因素。综合来看,刘钰的平均杆数还有很大的上升空间,如果其推杆的整体水平得到提高,那么在不久的将来,刘钰将成为非常具有竞争力的一名球员,世界排名进入前10名也是指日可待的。

(3) 阎菁的杆数情况分析。

阎菁在2015—2019年的每轮平均杆数分别是72.8杆、72.88杆、72.31杆、74.16杆和70.59杆。她在2019年之前的杆数排名是很低的,但其排名和积分使其保住了LPGA的全卡,2019年的平均杆数排名达到了其转职业以来的最高排名,平均杆数第一次达到了负杆。分析出现这一结果的主要原因是阎菁的开球距离是2015年以来的最好成绩,比2012年平均提高了12码以上,其开球的准确性、标on率都是其转职业比赛以来的最高水平,所以其平均杆数达到自己的历史最好成绩。

(4) 林希妤的杆数情况分析。

林希妤在2014—2019年的每轮平均杆数分别为72.42杆、71.19杆、71.59杆、73.28杆、72.43杆和71.18杆,历年的平均杆数排名分别是78名、20名、48名、149名、110名和53名。林希妤的杆数及杆数排名都很不稳定,就像过山车一样。2015年林希妤的平均杆数是71.19杆,排名第20名,而2019年她的平均杆数为71.18杆,但排名却下降到第53名。这说明LPGA球员整体的平均杆数在下降,即整体水平均在提高。林希妤的个人平均水平虽然提高了,但其名次却下降了33名,说明其进步的幅度比较小,其水平与其他球员相比仍呈下降趋势。

六、中国4名球员各自的情况及建议

中国4名优秀女子球员的基本情况如表4-6所示。

表4-6 中国4名优秀女子球员基本情况

姓名	出生年月	身高(cm)	体重(kg)	BMI	转职业时间	世界排名(2019.12.31)
冯珊珊	1989.08	172	68	22.99	2007	23
刘钰	1995.11	175	—	—	2014	36
阎菁	1996.03	167	—	—	2014	83

第四章　中国优秀女子高尔夫球选手与世界其他国家优秀选手技术对比分析

续表

姓名	出生年月	身高(cm)	体重(kg)	BMI	转职业时间	世界排名(2019.12.31)
林希妤	1996.02	171	63	21.55	2011	123

注：BMI=体重（kg）/身高（m）²，即身高体重指数，它是反映人体健康水平的一个基本指标。

(1) 冯珊珊的情况分析与建议。

由表4-7可以看出，冯珊珊2012年的杆数排名和世界积分排名的变化，她在2018年之前LPGA比赛的平均杆数都在前10名之内，2017年的平均杆数达到了自己目前的最高水平，也就是在2017年底冯珊珊的积分排名达到了女子高尔夫世界第一。在2017年的LPGA比赛中，冯珊珊共参加22场比赛，获胜3场，12次进入前10名，进入前10名的比率超过54.5%。冯珊珊的世界积分排名在2017年前基本处于上升阶段，2017年后有所下降。分析冯珊珊成绩下降的主要原因包括：①其开球距离与其他球员的差距在逐渐拉大，其标on率相对下降，推杆数有所增加，排名下降；②获胜的次数和进入前10名的次数减少，2018年在22场比赛中有6场进入前10名，没有获胜，2019年只有1次获胜，4次进入前10名；③世界女子高尔夫的运动水平整体提高，冯珊珊的水平也在提高，只不过她提高的速度比平均速度要慢，所以其世界排名相对下降。

从冯珊珊2019年LPGA技术统计看，其平均杆数、平均开球距离、开球的准确性、标on率和平均推杆数分别是70.23杆、255.23码、81.06%、74.93%和29.65推，单项技术统计的排名分别是第16名、第102名、第8名、第11名和第66名，而冯珊珊在2019年赛季结束时的世界排名是第23名。从冯珊珊2019年LPGA单项技术的排名可以看出，按照其平均杆数的排名情况，其比赛成绩应当排在前20名以内，但是由于她在2019年的比赛过程中获得胜利的场次较少（1次第1名，4次前10名），导致其世界排名的积分不多。冯珊珊的开球准确性和标on率是有优势的，但通过前文的研究可知，影响球员平均杆数的因素依次是标on率、推杆数、开球距离和开球的准确性。而2019年平均杆数与标on率的相关性为-0.666、平均杆数与平均推杆数的相关性为0.448、平均杆数与开球距离的相关性为-0.195、平均杆数与上球道率的相关性为-0.139。冯珊珊在开球方面的优势在逐渐减少，而不足之处在逐渐扩大。因此，冯珊珊要想进一步提升成绩，就要在保持其优势的前提下，改进开球技术，增加开球的距离，提高推杆成绩。通过对冯珊珊技术动作细节的观察和高速录像解析（1000帧/秒）发现，冯珊珊在上杆时的技术动作是先转到手腕、手腕转到最大时才转肩，这样的上杆动作从解剖学角度分析会限制上杆幅度，同时造成上肢和上体紧张，不利于开球距离的提高。从冯珊珊的身高。体重来看（见表4-6），其开球距离还有提升的空间，推杆还需要进一步地改进和提高。建议：①可以尝试改变一号木杆的上杆方式（特别是在练习场练习时），看是否有效，如果有效就可以坚持，如果无效则放弃；②提高自己的推杆技术水平，首先找到自己推杆中存在的问题，然后有针对性地进行改进。

表4-7 中国优秀球员参加LPGA杆数（杆）及当年世界积分排名

名次	2012	2013	2014	2015	2016	2017	2018	2019	2020（8月10日）
冯珊珊	70.84	70.37	70.37	70.44	69.88	69.79	70.42	70.23	—
杆数排名	8	6	7	9	4	8	18	16	—
世界积分排名	6	6	5	6	4	1	11	23	24
刘钰	—	—	—	—	—	—	70.99	70.45	71.21
杆数排名	—	—	—	—	—	—	30	20	23
世界积分排名						328	85	36	31
阎菁	—	—	—	72.8	72.88	72.31	74.16	70.59	72.56
杆数排名	—	—	—	95	112	112	158	26	94
世界积分排名	—	—	199	138	76	147	257	83	78
林希妤	—	—	72.42	71.19	71.59	73.28	72.43	71.18	71.33
杆数排名	—	—	78	20	48	149	110	53	28
世界积分排名	—	192	81	53	149	174	311	123	101

注：积分排名以当年最后一周（12月31日）官方公布的数据为准。

（2）刘钰的情况分析与对策。

从表4-7刘钰的世界积分排名看，她在2016年的女子世界高尔夫积分排名中并未进入前500名，2017年女子世界积分排名为328名，2018年底位列第85名，2019年底其世界排名已经上升到第36名，目前其世界积分排名已经达到第31名（2020年8月10日）。刘钰的世界积分排名一直处于稳步上升阶段。结合刘钰的运动经历及其2018年和2019年参加LPGA的情况和技术统计看，这是其

第四章　中国优秀女子高尔夫球选手与世界其他国家优秀选手技术对比分析

多年积累的自然结果。刘钰在 2014 年就已经转为职业球员，2018 年才取得 LPGA 全卡，而 2018 年之前已在 LPGA 次一级的比赛中摸爬滚打了好几年，经历过许多的挫折和考验，其心理素质、意志品质得到了锻炼和提高。从她 2018 年参加 LPGA 比赛以来的单项技术统计排名看，其各项技术统计都处于上升阶段，仍有很大的上升空间。分析出现这一结果的原因主要有以下几点：①心理素质过硬且稳定；②运动经历比较坎坷，自 2014 年转为职业球员开始一直在 LPGA 次一级的比赛中历练，经过多次重大挫折的考验；③刘钰的先天条件较好，身高 175cm，开球距离、标 on 率都是其优势，且有很大的上升空间，但其推杆是短板，仍有提高的空间。

综合分析发现，刘钰还有很大的上升空间，进入世界前 10 名指日可待。建议刘钰在推杆、果岭周边的击球上要多下一些功夫，同时可以适当地增加一些营养，以增加力量，为提高成绩打下坚实的基础，有利于进一步增加开球的距离，提高开球的准确性，使自己在今后的竞争中处于有利位置。

（3）阎菁的情况分析与对策。

阎菁在 2015—2020 年的杆数排名起起伏伏。在 2015 年她刚刚进入 LPGA 时，当年的平均杆数为 72.8 杆排名第 95 名，对于 19 岁的小将来说成绩不错，随后一路下滑到 2018 年的平均 74.16 杆，排名到了第 158 名，2019 年回升到 70.59 杆，排名为 26 名，其世界积分排名也是起起伏伏，如同过山车一样。分析其原因可能在于阎菁年少成名，并且转为职业球员后就进入 LPGA 进行比赛，每年都能够拿到参赛全卡，所以在比赛过程中没有太大的压力，是在享受比赛。通过观察阎菁近年来的技术统计指标发现，其开球距离、开球的准确性、标 on 率的波动均较大，说明其技术稳定性、心理稳定性都存在一些问题；但是其世界积分排名在 2016 年曾经达到第 76 名，这样的成绩对其以后的成长是非常有利的。阎菁的推杆技术处在相对较好的水平，这是其立足之本。建议阎菁应当提高心理稳定性，开球技术的稳定性、开球距离及进攻果岭的稳定性都需要进一步提高，其潜力还是比较大的。

（4）林希妤的情况分析与对策。

林希妤在 2011 年年仅 15 周岁的时候就加入了职业高尔夫比赛。2014 年，她 18 岁时就进入 LPGA 比赛，当年的平均杆数为 72.42 杆，排在第 78 名，2015 年的平均杆数更是达到了 71.19 杆，平均杆数排名为第 20 名，世界积分排名达到第 53 名，真的是年少成名。从其杆数排名和世界积分排名来看，林希妤的成绩排名也是起伏比较大的。分析其原因可能包括：①林希妤在 15 周岁就转入职业比赛，过早地进入职业比赛导致其在很多方面的基础知识不够扎实，对于职业比赛中遇到的一些问题不能及时解决；②年少成名，其在 2014 年就进入 LPGA 的比赛，并且每年都能够拿到全卡，遇到的挫折比较少，可能会使其在面对困难情况时存在一些心理问题；③林希妤在球场上对一些问题的处理上也暴露其知识储备不足，需要综合的科技服务团队的帮助；④基本技术的稳定性不够。对林希妤提出以下建议：①要进一步加强基础知识的储备，特别是加强临场的判断能力；②提高开球距离，根据其 BMI 指数来看，其体重可以再增加 3~5kg，使自己的身体更强壮，有利于增加击球的距离；③提高进攻果岭时的判断能力，能够根据临场的判断选择好球杆和落球点，以达到更好的进攻果岭效果；④提高自己的推杆能力；⑤提高自己球童的能力水平，以便为自己提供更好的帮助。

第二节　中国高尔夫球奥运球员与世界优秀选手一号木对比分析

高尔夫运动是用球杆把球打进每个对应的球洞里，其中最基本的两项技术是控制球的定向精度和更远的飞行距离。在全挥技术动作中，一号木杆（driver）的全挥动作公认为较难稳定发挥，因其具有杆身最长、杆头最大、杆面倾角最小，质量最轻、运动幅度最大等特点而成为远距离击球的首选，满足除 4 个短洞（PAR3）以外其余 14 个球洞的全挥杆击球需要。球员通过全身肌肉协调爆发性用力，实现更精准、更远的击球距离。所有参赛者使用自己的一号木时，会竭尽全力使击球水准达到自身的最佳水平。当一号木距离较远时，第二杆距离果岭就更近，球员会选择更短的杆去进攻果岭，标 on 率也就随之提高，而且有更大把握把球送到离球洞更近的位置。因此，一号木是成绩不佳的所有矛盾中的主要矛盾，一号木击球距离也是提高球员成绩的关键因素。我国高尔夫奥运重点球员的开球能力与世界顶尖球员相比存在很大的差距，提高一号木技术应作为我国奥运球员的首要任务。本研究拟对我国高尔夫奥运球员同世界优秀高尔夫球员的一号木技术数据进行对比分析，寻找我国奥运球员一号木技术存在的不足，为中国高尔夫奥运军团做好准备，打必胜之仗提供一定参考。

研究对象选取此次参战东京奥运会的高尔夫奥运军团 4 名女子球员，分别为冯珊珊、刘钰、阎菁和林希妤；选取 3 名外国女子顶尖高尔夫球员，分别为高真荣、丹妮尔·姜和畑冈奈纱进行对比分析。现世界首位，韩国女子高尔夫职业运

第四章 中国优秀女子高尔夫球选手与世界其他国家优秀选手技术对比分析

动、2019年上海别克LPGA锦标赛第9名的高真荣,是世界女子高尔夫的领军人物,对其相关技术进行研究能为我国奥运球员提供重要参考。现居世界第4名、美国女子高尔夫职业运动员、2019年别克LPGA锦标赛冠军的丹妮尔·姜,在巡回赛中表现极佳,其各项竞技能力均衡且稳定,需要我们进行深入研究。现居世界第6名,有"小钢炮"之称的日本女子高尔夫职业运动员畑冈奈纱,身材虽小,却四肢发达、爆发力惊人,以开球距离远和沙坑救球能力见长,她将会是我国高尔夫女子奥运军团在东京奥运会上的劲敌。重视学习世界高竞技水平球员的先进技术,将其经过改造加工后予以应用,以提高我国女子球员的技术水平,尤其要注意研究韩国选手的技术特点,分析其技术成因及蕴含的力学原理。具体信息如表4-8所示。

表4-8 我国4名奥运球员与外国3名顶尖球员基本信息

世界排名	姓名	转入职业时间	国家	一号木平均距离(码)及排名	上球道率(%)及排名
23	冯珊珊	2008	中国	255.23 102ND	81.06 8TH
36	刘钰	2018	中国	269.36 18TH	72.94 63RD
80	阎菁	2015	中国	251.29 126TH	77.52 24TH
123	林希妤	2014	中国	257.20 84TH	74.59 49TH
1	高真荣	2018	韩国	258.08 76TH	80.94 9TH
4	丹妮尔·姜	2012	美国	261.74 50TH	74.87 46TH
14	畑冈奈纱	2017	日本	262.65 44TH	73.16 59TH

注:以上数据来自LPGA官方网站(2019)https://www.lpga.com/players。

研究方法依据研究目的,以"高尔夫球员""高尔夫奥运""高尔夫一号木""高尔夫数据对比"等为关键词,通过中国知网、万方数据库收集相关高尔夫研究的学术报告,查找有关高尔夫的书籍、体育期刊、硕士论文和博士论文等,收集相关研究文献,通过登录PGA、LPGA官方网站收集球员及相关赛事资料,完善本文所需数据,为此次研究提供理论支持和依据。

PGA官网对于外国优秀球员的数据统计较为系统,但是对于中国球员的数据统计尚不完善。因此,利用PGA官网大数据的有限数据对中国球员进行分析较为片面,不能对中国球员与外国球员进行详细地对比与准确研究,需要进行实地统计与调研,做出全面分析。

采用实地考察法，获取2019年上海汇丰冠军赛参赛球员和2019年上海别克LPGA锦标赛参赛球员数据。于比赛前一天进入比赛场地进行实地勘测，找到五杆洞且是直球道，满足球员优先选用一号木击球的条件，确定该洞地标码数，以及球员落点大部分位置。在比赛中，由一名技术员在该洞发球台对开球人员进行通讯记录，笔者则于该洞一号木落点处进行通讯记录，从而获得各个落点及停点的位置。汇丰冠军赛和别克锦标赛的赛程均为4天，由于部分球员在考察洞使用三号木和一号木击球，本书只研究分析球员一号木数据。

运用SPSS 19.0统计软件和Excel软件对实地考察的数据进行描述性统计，结果以平均数±标准差（$\bar{x} \pm SD$）表示。采用变异系数来分析数据离散程度和平均水平的大小。通过多种搜索方式，发现来自PGA、LPGA官网的本研究所需的我国高尔夫奥运球员一号木数据并不完善。因此，本研究将实地考察我国高尔夫奥运球员一号木数据与世界优秀高尔夫球员的一号木数据进行比较，以便找出我国高尔夫奥运球员的一号木技术缺陷。

由于LPGA官方大数据未展示女子球员的一号木最远距离，因此只研究7名球员的一号木平均距离和上球道率数据。我国4名奥运球员一号木平均距离的世界排名最高达到第18名，最低则排到第126名，排名相差较大；上球道率世界排名最高达到第8名，最低排到第63名，均在世界前70名之列。我国4名奥运球员一号木平均距离世界排名较不均衡，上球道率世界排名较为均衡。

如表4-9所示，我国4名奥运球员的一号木平均距离为（258.27±6.75）码，外国3名顶尖球员的一号木平均距离为（260.82±1.98）码，可见在一号木平均距离方面，我国球员与外国球员相差不大，但是标准差相对较大且离散程度高。在上球道率方面，外国3名顶尖球员为76%，而我国4名奥运球员为77%，前者比后者低了1个百分点，我国球员的一号木击球准确性优于外国球员。因此，我国女子奥运球员的一号木平均距离和上球道率均已达到世界顶尖水平。

表4-9 我国女子4名奥运球员与外国3名顶尖球员一号木数据（平均数±标准差）

国家	一号木平均距离（码）	上球道率（%）
我国4名奥运球员	258.27±6.75	77
外国3名顶尖球员	260.82±1.98	76

注：以上数据来自LPGA官方网站（2019）https://www.lpga.com/players。

中国女子高尔夫球运动员较男子运动员在世界大赛的表现要优秀许多。世界优秀女子高尔夫运动员平均开球距离和平均每轮老鹰球的发挥较稳定,对比赛成绩的影响相对较小。因此,我国的女子奥运球员要想在每轮均取得优异成绩,首先要保持稳定和高质量开球。如表4-10所示,冯珊珊、刘钰、阎菁和林希妤4名中国球员在开球时均使用一号木,高真荣、丹妮尔·姜和畑冈奈纱3名外国顶尖球员4轮比赛也均使用一号木开球。由此可见,我国女子奥运球员对自己的一号木击球距离和击球稳定性十分自信。其中,冯珊珊最终的击球距离为(251.13±5.44)码,是我国4名女子奥运球员中最短的,她具有很大的提升空间。

表4-10 2019年别克LPGA锦标赛7名球员一号木数据统计数据(平均数±标准差)

比赛轮	姓名	落点(码)	最终距离(码)	滚动距离(码)	上球道率(%)
全四轮	冯珊珊	236.75±7.15	251.13±5.44	14.38±8.95	75
全四轮	刘钰	256.13±3.32	267.17±1.84	9.25±3.42	75
全四轮	阎菁	240.63±5.26	254.67±7.35	11.75±3.4	75
全四轮	林希妤	249.25±4.56	260.88±1.34	11.63±3.83	100
我国4名奥运球员平均成绩		245.69±5.07	258.46±3.99	11.75±4.9	81
变异系数		0.0206	0.0154	0.4169	—
全四轮	高真荣	248.13±4.29	262±2.74	13.88±2.68	100
全四轮	丹妮尔·姜	244±9.09	253.75±9.17	9.75±2.86	100
全四轮	畑冈奈纱	247.75±4.15	263.75±3.94	16±7.42	100
外国3名顶尖球员平均成绩		246.63±5.84	259.83±5.28	13.21±4.32	100
变异系数		0.0237	0.0203	0.3271	—

自信来源于实力,我国4名女子奥运球员的一号木落点、最终距离和滚动距离均十分具有竞争力,紧逼外国3名顶尖球员的数据。更让人欣喜的是,我国4名奥运球员的一号木落点和最终距离的标准差均优于3名外国顶尖球员。在变异系数方面,我国4名奥运球员的落点和最终距离均大于外国3名顶尖球员,这表明后者的击球距离离散程度更小。相比较而言,我国奥运球员对一号木击球距离的控制不足。在滚动距离的变异系数方面,我国4名奥运球员的离散程度更大,

表明球在落地后滚动更多。我国奥运球员除林希妤之外，其他3名球员均有一次击球后的落点不在球道上。在该洞的4次击球中，我国4名奥运球员的上球道率相比外国3名顶尖球员100%的上球道率低了19个百分点，表明其击球稳定性与顶尖球员相差较多。更高级挥杆技巧是以保持有效的击球为准则，有效的击球应该包括挥杆速度和击球精度，击球精度决定击球后落点，多次击球精度均高才能拥有较高的上球道率，只拥有优异的击球距离而上球道率不稳定不能被称为高级的挥杆，这也是我国女子高尔夫奥运球员需要重视的地方。

研究发现，我国女子高尔夫奥运球员的一号木技术虽已达到世界顶尖水平，但其上球道率的数据并不稳定。女子奥运球员间的一号木技术水平不等，冯珊珊的一号木击球距离较短。

第三节　女子高尔夫球员冯珊珊与朴仁妃切推杆技术对比分析

切杆和推杆技术在高尔夫球比赛中使用频率高，成绩贡献率大，素有"金推银切"之说。按照高尔夫球比赛基本规则，球员携带的球杆数不能超过14支，而球员的切杆和推杆数占比接近1/3，好的切杆和推杆技术表现能够有效降低杆数，会对整个竞赛节奏和战术策略产生影响。职业球员日常训练投入时间最多的也是这两项技术，通过训练形成肌肉记忆和球感，建立训练与实战相融合的运动知觉。2016年高尔夫球项目首次回归奥林匹克大家庭，巴西奥运会女子高尔夫球比杆赛上朴仁妃获得金牌，冯珊珊获得铜牌。两人技术实力均较强，依照国际奥委会参赛国选赛名单规则和世界排名，冯珊珊与朴仁妃出征2020年东京奥运会的概率较高。此外，两人的年龄、身高、体重、球龄、转职业时间较相近，有必要对两者的切推杆技术进行对比分析，以为冯珊珊专项技术备战训练和比赛提供参考。

如表4-11所示，冯珊珊与朴仁妃身高相差3cm，均是10岁起接触高尔夫球运动，19岁转为职业球员，朴仁妃获LPGA冠军19次、大满贯冠军7次，而冯珊珊获LPGA冠军9次、大满贯冠军1次，表明朴仁妃的表现更优秀。研究优秀竞争者的技术特点，可以针对性地借鉴经验，指导训练。

表 4-11　冯珊珊与朴仁妃基本情况比较

姓名	国籍	出生年月	身高(cm)	学球时间(年)	转职业年	LPGA冠军数(次)	大满贯冠军数(个)	巴西奥运会
冯珊珊	中国	1989.8	173	10	2008	9	1	铜牌
朴仁妃	韩国	1988.7	170	10	2007	19	7	金牌

冯珊珊与朴仁妃转为职业球员后，初期均经历了过渡期，过渡期后两人均战绩不俗，晋级率和前十回报率均有所提高。从参赛场次看，冯珊珊较朴仁妃更稳定，2012—2015 年度参赛场次朴仁妃更多。2014 年朴仁妃前十回报率达到峰值，2015 年冯珊珊前十回报率最高，接下来的 2016—2017 赛季均保持 50% 以上的前十回报率，这也使得冯珊珊在 2017 年成为世界第一，并保持了 23 周。2018 年强势回归的朴仁妃在其参加的 13 场比赛中有 6 次进入前 10 名，世界排名登顶。2018 赛季冯珊珊表现平平，参加的 22 场比赛中只有 6 次进入前 10 名，但其在移动日和决赛轮的竞技表现也有可圈可点之处（表 4-12、表 4-13）。

表 4-12　冯珊珊 2008—2018 年参赛情况统计

年份	总场次	晋级	未晋级	前 10 名	晋级率	前十回报率
2008	28	23	5	8	82%	29%
2009	21	12	9	0	57%	0%
2010	18	15	3	4	83%	22%
2011	17	15	2	4	88%	24%
2012	19	18	1	8	95%	42%
2013	19	18	1	9	95%	47%
2014	24	24	0	9	100%	38%
2015	21	20	1	12	95%	57%
2016	21	20	1	11	95%	52%
2017	22	20	2	12	91%	55%
2018	22	21	1	6	95%	27%

注：数据来源 LPGA 官方网站。晋级率为晋级数与总场次数比值，前十回报率为前 10 名次数与总场次数比值。

表 4-13　朴仁妃 2008—2018 年参赛情况统计

年份	总场次	晋级	未晋级	前 10 名	晋级率	前十回报率
2008	28	22	6	5	79%	18%
2009	23	16	7	2	70%	9%
2010	19	19	0	10	100%	53%
2011	16	15	1	3	94%	19%
2012	24	23	1	12	96%	50%
2013	23	22	1	11	96%	48%
2014	24	22	2	17	92%	71%
2015	25	23	2	15	92%	60%
2016	10	5	5	2	50%	20%
2017	15	14	1	5	93%	33%
2018	13	11	2	6	85%	46%

网络采集两人 2016—2018 年赛季世界女子职业巡回赛视频，现场录制 2018 年别克锦标赛冯珊珊练习场切杆和推杆视频，截取两人不同距离切推杆动作视频并标注命名。运用运动技术分析软件 Dartfish，挖掘两人不同距离的切推杆技术动作特征并进行描述性分析。

本次研究运用数理统计法，应用 Excel 2010 对相关参数、数据进行统计汇总（x、表示平均数，SD 表示标准差，r 表示相关系数）。

一、冯珊珊与朴仁妃推切杆相关技术参数比较分析

比较分析冯珊珊与朴仁妃推切杆相关技术参数，选取如表 4-14 所示的相关技术参数进行比较分析，考察两者切推杆技术整体表现。果岭沙坑救球运用的就是切杆技术，朴仁妃沙坑救球率整体高于冯珊珊，其每洞、每轮平均推杆数整体表现均优于冯珊珊。结合各技术参数年度变化分析，冯珊珊标 on 率曲线呈现 "一" 字，标 on 率稳定性较好，说明冯珊珊中长铁杆和铁木杆击球稳定性较好（图 4-1）。在沙坑救球率方面，冯珊珊 2008—2016 年的沙坑救球率长期低于或与朴仁妃趋平，但是 2016—2018 年冯珊珊呈现上升趋势。而朴仁妃从 2015 年开始下降，至 2017 年到达最低谷，而后显现快速上升趋势。2018 年赛季结束，两人的沙坑救球率已非常相近。

第四章 中国优秀女子高尔夫球选手与世界其他国家优秀选手技术对比分析

表4-14 2008—2018年冯珊珊与朴仁妃推切杆相关技术参数对比（$\bar{x} \pm SD$）

参数	标on率	每洞平均推杆数	每轮平均推杆数	沙坑救球率	每轮平均杆数
冯珊珊	72.66%± 3.00%	1.802± 0.024	30.152± 0.559	43.68%± 7.33%	70.863± 0.963
朴仁妃	68.77%± 5.06%	1.745± 0.020	28.838± 0.495	47.77%± 5.04%	70.625± 1.085

从整体来看，每洞平均推杆数与每轮平均推杆数变化特征存在一定的相似性（图4-2和图4-3）。比较每洞、每轮平均推杆数发现，朴仁妃的成绩优于冯珊珊，11年间冯珊珊每洞平均杆数为1.802推，朴仁妃为1.745推，11年间冯珊珊每轮平均推杆数为30.152，朴仁妃为28.838。冯珊珊每洞和每轮平均推杆数都呈向好的趋势，尤其是每轮平均推杆数下降明显。据此推断，冯珊珊要保持较好的标on率，减少推杆数是其取得更好成绩的关键。

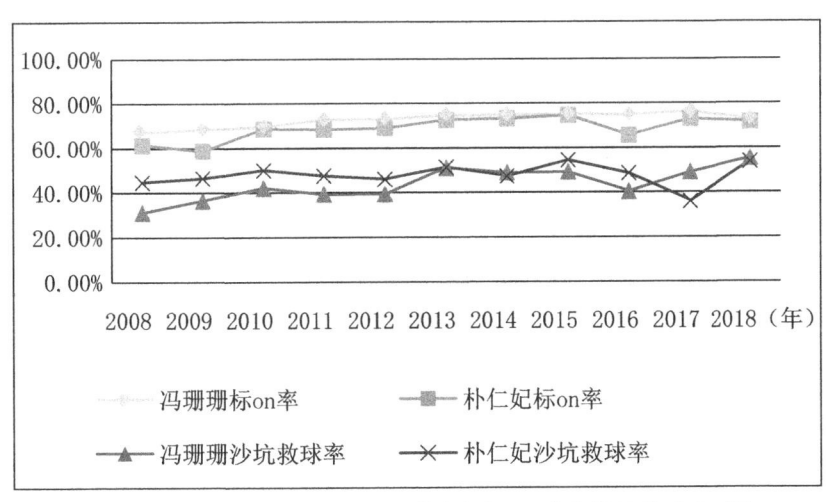

图4-1 2008—2018年冯珊珊和朴仁妃标on率与沙坑救球率对比

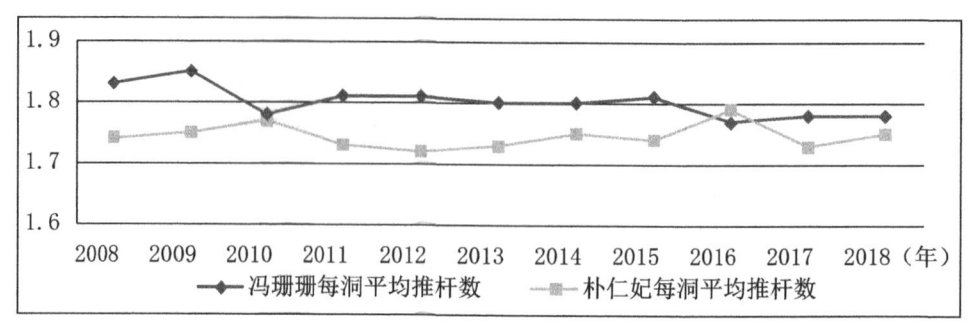

图 4-2　2008—2018 年冯珊珊与朴仁妃每洞平均推杆数对比

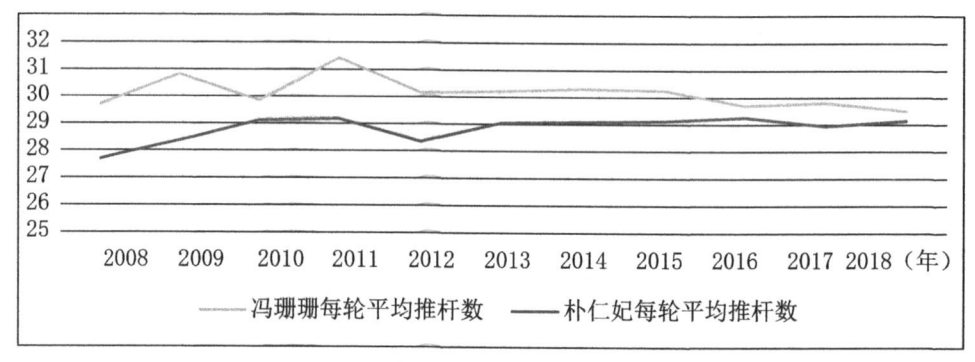

图 4-3　2008—2018 年冯珊珊与朴仁妃每轮平均推杆数对比

每轮平均杆数是对整体参赛场次及轮次表现的一项综合评定指标。两人每轮平均杆数变化趋势与其整体竞技表现存在一定的关系（图 4-4）。朴仁妃在 2009—2015 年每轮平均杆数呈直线下降趋势，其世界排名也在不断攀升。2018 年赛季两人每轮平均杆数均在增加，世界排名均有不同程度下降。

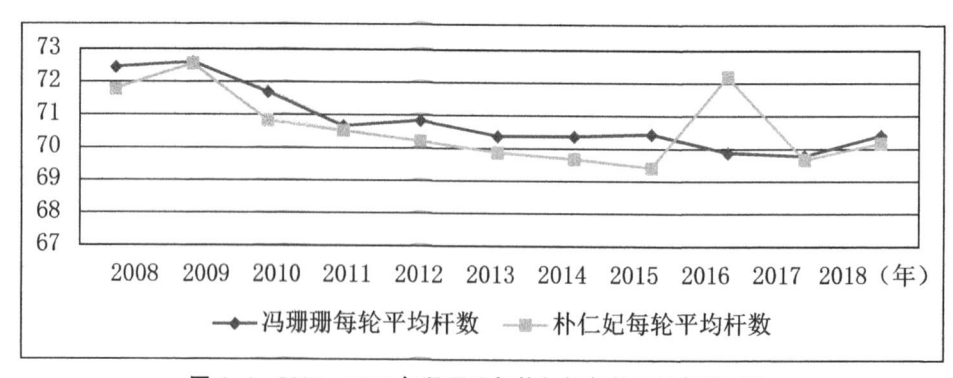

图 4-4　2008—2018 年冯珊珊与朴仁妃每轮平均杆数对比

朴仁妃整体竞技表现优于冯珊珊，减少每洞平均推杆数和每轮平均推杆数是提升竞技表现能力的关键。冯珊珊推杆的提升空间较大，可从技术优化和心理干预入手，增强其推杆自信心，维持良好的竞技状态。结合图表分析两人2012—2016年奥运周期内的竞技表现，标 on 率整体表现较为平稳，沙坑救球率呈波浪形变化，朴仁妃每洞平均推杆数变化趋势更明显，两人每洞平均推杆数与每轮平均推杆数曲线图升降变化趋势相同。2015年朴仁妃每轮平均杆数达到历史最低点，冯珊珊于2017年达到最低点。朴仁妃在奥运周期伤病复出并取得金牌，除了技术充分发挥，还体现了其对比赛节奏地较强把控及强大的心理储备，这是值得中国球员借鉴的。

二、冯珊珊与朴仁妃切推杆动作时空特征比较分析

采集切推杆技术动作视频，统计不同码数切杆动作时间帧数，要求帧速率为25帧/秒，确保画质清晰，可分辨每一帧画面，选取的视频总比特率和数据速率均超过1200 kbps。分析不同码数的上下杆帧数，可以判断两人切杆技术特征。上杆帧数为上杆启动到顶点状态视频帧，下杆帧数为顶点状态到击球瞬间的视频帧，帧数比为上杆帧数与下杆帧数的比值，相关系数为区间码数与各参数间的相关性大小。上杆帧数的时间特征在一定程度上能够反映上杆幅度的变化，两人上杆幅度存在一定的差异性，朴仁妃上杆幅度均大于冯珊珊（表4-15）。冯珊珊上杆帧数与区间码数存在高度正相关（$r=0.88$），朴仁妃上杆帧数与区间码数存在显著正相关性（中等相关，$r=0.78$），两人下杆帧数与区间码数无相关性，两人上下杆帧数比与区间码数存在显著正相关性。

从切杆技术特点分析，冯珊珊切杆技术多以控制上杆幅度达到不同距离，朴仁妃也有相似的技术特点，但变化性更多。朴仁妃的个性化和战术性打法能力较冯珊珊更强。冯珊珊与朴仁妃不同区间码数上下杆帧数比平均值与标准差分别为（2.11±0.58）和（2.46±1.10）。上下杆帧数比可反映两人不同的切杆节奏，冯姗姗切杆节奏较朴仁妃更快，而朴仁妃切杆节奏表现变化更大，说明其切杆打法和节奏表现具有多样性。

表4-15　冯珊珊与朴仁妃切杆动作视频帧比较

运动员	指标	数据								平均值	标准差	相关系数
冯珊珊	码数	7	10	21	24	31	40	45	54	29	16.65	
	上杆帧数	15	16	16	19	21	25	25	22	19.88	4.02	0.88
	下杆帧数	10	9	10	9	12	8	9	10	9.63	1.19	-0.07
	帧数比	1.5	1.78	1.6	2.11	1.75	3.13	2.78	2.2	2.11	0.58	0.7
朴仁妃	码数	8	11	20	26	33	42	48	58	30.75	17.8	
	上杆帧数	27	20	30	27	20	40	35	60	32.38	13.08	0.78
	下杆帧数	14	14	13	16	8	16	15	12	13.5	2.62	-0.08
	帧数比	1.93	1.43	2.31	1.69	2.5	2.5	2.33	5	2.46	1.1	0.77

果岭沙坑救球多采用大角度切杆。选取两人沙坑救球视频资料进行分析，两人球位距离球洞码数相同（均为12码），沙坑壁高度相似。通过截取关键动作时相的图片（图4-5）进行对比，描述性分析两人沙坑切杆技术特征。在准备阶段，冯珊珊前倾更多，朴仁妃屈膝更多。两人均采用开放式站位，观察站姿球位，冯珊珊球位居中靠左，朴仁妃球位居中靠右。在引杆至上杆顶点阶段，冯珊珊引杆多以手臂力量为主，朴仁妃以髋肩转动为主，左膝关节内扣较冯珊珊更明显，以屈右肘为动作时刻点开始至上杆达到顶点，两人上杆幅度存在较大差异，冯珊珊上杆高度低于右肩，朴仁妃上杆高度高于右肩，且左膝屈膝程度较朴仁妃更明显，呈现"陡立式"上杆顶点姿态，髋部向右侧转动较大。在下杆启动至击球阶段，朴仁妃左膝关节空间位置变化极为明显，其髋部侧移和转动较冯珊珊更多，同时参照沙坑壁，头部位置稍有下降，其蹬转侧移表现较突出，朴仁妃髋部向左侧旋转程度较冯珊珊更大，参照右肘关节空间位置姿态，肘部与身体的贴合性较好。击球和随挥姿态两人表现较为一致。最后从击球效果评定上看，两人球静止位置距离球洞均为1码，朴仁妃沙坑切杆产生倒悬较冯珊珊更多，两人打法技术特征上存在一定的差异。随着球场难度不断提升，沙坑障碍区增多、增高，冯珊珊的沙坑技术可从两个方面选择性调整，一是上杆幅度的变化；二是髋部的旋转。整体评价两人的技术表现，冯珊珊在肩髋柔韧性方面需加强训练。

图 4-5 冯珊珊（上）与朴仁妃（下）沙坑切杆动作对比

推杆技术动作时相可划分为后推（目标反方向）、停顿（后推静止到启动推击）、推击（目标方向启动推击到击球瞬间）和击送（目标方向击球完成到杆头静止）4个时相阶段，也可以将停顿和推击阶段统称为前推阶段。选取两人1~10码距离推杆视频各10个，通过Dartfish软件读取每个距离各动作时相阶段的视频帧数（图4-6和表4-16）。朴仁妃后推用时多于冯珊珊，但是停顿时间却少于冯珊珊。在推击阶段，朴仁妃用时少于冯珊珊，整个前推阶段朴仁妃耗时较少，击送阶段两人用时差异不大。从前推与后推总耗时和后前帧数比数值来看，朴仁妃的推杆技术具有"慢后快前"的特征，冯珊珊则表现为"后前快慢变化不明显"的特征。

表 4-16 冯珊珊与朴仁妃推杆各动作时相视频帧分析

运动员	后推（帧）	停顿（帧）	推击（帧）	前推（帧）	后前帧数比	击送（帧）
冯珊珊	15.6±3.03	3.3±1.16	8.1±1.52	11.4±2.37	1.43±0.40	14.2±4.05
朴仁妃	21.5±2.76	3.0±0.94	6.3±0.67	9.30±1.49	2.37±0.49	13.0±2.05

如图4-6所示，球位距离球洞2.5码，果岭表面推击线较直，具备比较分析的前提条件。以头部为参照点连接双手位置划线，可以看出后推阶段冯珊珊肩部带动腕部移动少于朴仁妃，同时冯珊珊后推阶段伴有屈腕动作，前推阶段朴仁妃双手位置平移更为明显。朴仁妃后推顶点和推送结束时刻球杆与垂直方向夹角保持较好，反映其腕部控制和动作的整体性更好。

图 4-6　冯珊珊与朴仁妃正面推杆动作时相与特征图

　　冯珊珊的推杆技术表现为通过节奏控制距离，即"节拍式"推击法，通过调整不同的节拍来推出不同的距离。朴仁妃的推杆技术表现为通过推送控制距离，其动作特点为后推阶段与前推阶段腕部水平移动距离比为1/2，前推阶段更充分，球滚动向前效果更好。朴仁妃的推杆特点体现的是一种对前推阶段距离感的控制，双手位置变化左右距离比约为1:2是这种技术最直观的特点之一，可以增加前推阶段水平推送的距离，增强球滚动的向前性。朴仁妃推杆技术一直表现优异，冯珊珊可加以借鉴，以优化自身推杆技术，减少腕部动作对推杆整体性的影响，推杆过程整体性提高认识，保持推击的向前性，技术与心理两手抓，提高深度研判果岭能力，建立3~5码推球自信心。

　　通过研究发现，冯姗姗的切杆节奏较朴仁妃更快，朴仁妃的节奏表现变化更多样。冯珊珊可尝试强化髋部旋转角度完善切杆打法和节奏表现，以实现更多的技术呈现的可能性，适应不同难度的切杆击球。两人的推杆节奏差异较明显，朴仁妃的推杆节奏具有"慢后快前"，冯珊珊则表现为"后前快慢变化不明显"的特征。朴仁妃后推顶点和推送结束时刻球杆与垂直方向夹角保持较好，反映其腕部控制和动作的整体性更好。冯珊珊可加强推送距离和方向的控制能力。通过推切杆相关技术参数分析，朴仁妃的表现要优于冯珊珊，但是冯珊珊每洞和每轮平均推杆数有趋于向好的态势，在推杆方面，冯珊珊技术优化空间较大。

第四节　中外优秀女子高尔夫球员一号木全挥杆技术三维对比分析

近年来，随着《全民健身计划纲要》在全国范围内广泛落实，以及高尔夫运动的普及和发展，越来越多的人参与高尔夫运动中，业余球员基数增大。但由于不合理的运动习惯，以及不规范的技术动作产生了大量的运动损伤，这迫使研究人员对高尔夫运动技术进行进一步的研究。

自高尔夫运动问世以来，人们便不停地钻研改善球技，这是高尔夫运动的本质所导致的结果。早在5个世纪之前，当高尔夫运动在苏格兰东岸萌芽时，置身于大自然、气候与人类本身这三方角力之中的高尔夫球员，就已经开始钻研如何改善球技了。他们发现了进步之路，使其从"打高尔夫球的人"变成"高尔夫球员"，同时得到其他同行的认可。球技在高尔夫运动中所占的重要地位，是历史上其他项目所无法比拟的。

不论是高尔夫运动整体竞技水平、职业球员的数量、球场及相关设施现状，还是相关科研水平，我国与欧洲国家和美国等高尔夫运动强国仍具有一定的差距，甚至与韩国、日本等亚洲国家相比，我国也不占据优势地位。外国对高尔夫运动的研究工作开展较早，研究成果较为丰富，研究方法多样，相关高尔夫技术动作研究方法更加科学考究。

外国高尔夫技术动作研究过程中，分组和研究对象选材多采用差点指数（handicap index）对球员进行分组。研究者常根据需要，招募不同差点的球员，Fradkin等人在研究高尔夫挥杆技术时选择差点在2~27的男子高尔夫球员；Dong Jun Sung等人在一号木距离的研究中同样采用差点方法对实验对象进行筛选。

R. J. Best等人利用差点进行分组，采用录像截取的方式结合测力台对高尔夫球员挥杆过程中关键时刻进行截取，分析高尔夫挥杆过程中的重心分布。Gluck G. S.等人采用同样的方式截取挥杆过程中关键点分析肌肉受力情况，对腰背损伤与防护进行研究，通过加强挥杆过程中受力肌肉的练习，增强肌肉韧性达到预防损伤的目的。David W.等人对10名男性专业和5名男性业余右利手高尔夫球员（差点分别为4、15、30、未知、未知）进行挥杆生物力学研究。

高尔夫挥杆技术动作研究的重要前提是挥杆动作阶段划分。目前对于挥杆过程的阶段划分并没有严格的定义，划分动作的方法不同也将拓展不同的研究视角，通常按照挥杆动作顺序来划分动作阶段，目前包括：三段式、四段式和五段式。

Bulbulian 等人在对全挥杆技术进行分析研究时，利用时间节点对全挥杆动作进行划分。将击球时刻设定为 0，定义击球前 250~750ms 为前挥阶段，击球前 0~250ms 为下杆阶段，击球后 0~500ms 为动作随挥阶段。

Moynes 等人在研究运动中对上肢肌电分析采用四段式划分，将全挥杆技术动作划分为上杆（takeway）、前挥（forward swing）、加速（acceleration）和随挥（follow through）4 个阶段，动作描述为瞄球准备到上杆顶点结束、上杆顶点到杆身平行地面时刻、杆身平行地面到触球、触球后到动作结束。Robinson 在相关研究中，设定 4 个全挥杆动作特征时刻，包括开始、上杆顶点时刻、下杆过程中左臂平行地面时刻及触球。Kawashima 等人在高尔夫全挥杆的动力学研究中，也进行了相同的动作阶段划分。

Jobe 等人在研究全挥杆技术动作中球员肩部肌肉活动时将全挥杆划分为上杆（takeway）、前挥（forward swing）、加速（acceleration）、挥杆初期（early follow through）和随挥末期（late follow through）5 个阶段，动作描述为瞄球准备到上杆顶点、上杆顶点到杆身平行地面、杆身平行地面到触球、击球之后到杆身再次平行地面、杆身平行地面到全挥杆结束。Williams 和 Cavanagh 对全挥杆动作进行相关动力学研究时，对全挥杆动作阶段的划分采用增加关键帧的方法，将全挥杆动作设定为开始准备、上杆初期、上杆中期、上杆顶点、下杆中期、触球、随挥初期和随挥末期。Koenig 等人的研究中对全挥杆动作阶段划分基本上与 Cavanagh 相似，唯一差别是该研究者未对上杆初期动作进行标定。

Isao Okuda 等人对高、低水平的球员躯干旋转与地面反作用力的转移进行研究，他们动作阶段划分与上述研究者有所不同，分为准备、上杆、上杆顶点、下杆、击球和随挥，动作描述为上杆动作前的 0.1s 时刻、杆头位于上杆实验室坐标轴 Y 轴方向上最远位置，球杆杆头达到实验室坐标轴 Z 轴方向上最低位置，左腕达到 Y 轴最远位置，击球通过视频观察，杆头达到位于实验室坐标轴的 Y 轴最近位置。

Fradkin 等人的研究表明，高尔夫运动击球时的杆头速度在 33~57m/s。David W. 等人利用三维摄像系统和测力台对影响高尔夫挥杆的生物力学因素进行分析。研究表明，肩关节相对扭转角度和自由力矩与高尔夫击球时的速度具有较高的相关性。Mc Teigue 等人的研究表明职业高尔夫球员及业余球员上杆阶段用时在 0.8~1.0s，下杆阶段用时在 0.1~0.3s。

由表 4-17 可知，在中国知网检索体育相关项目的主题，国内可检索到的关于高尔夫运动的研究文献相对其他运动项目较少，对高尔夫运动项目技术的研究不足0.1%。由此可见，国内在理论层面对高尔夫球技术的研究不够全面、透彻。鉴于此，重视高尔夫运动方面的理论研究，特别是高尔夫技术方面的理论研究显得尤为迫切，对于我国高尔夫运动整体水平的提高具有重要意义。

表4-17 知网文献检索结果（2020.02.18 16:56）

检索主题	检索结果数（条）	占百分比（%）
体育	572797	100
足球	54841	9.6
篮球	42747	7.5
排球	17551	3.1
网球	17423	3.0
高尔夫	14216	2.3
高尔夫技术	501	0.09

目前，国内高尔夫运动项目基础性研究领域较前些年有了较大的进步，但与外国相比仍有较大的差距，存在一定的研究局限。由于研究方法和研究对象存在一定的差异，所得到的研究结果有相似之处，也存在一定分歧，需要研究人员进行更深入的研究探讨。高尔夫运动是一项追求击球距离和精准度的运动，挥杆技术在高尔夫球员的球技方面占据基础地位。根据球洞的位置把球精准地击打到目标点，以及最大限度地将球击向远处的能力是挥杆技术的两个核心部分，它将直接体现高尔夫球运动员的专业能力和技术水平。

我国高尔夫的发展历程较短，差点系统的推行受到多种因素的限制，因此，很难依据球员的差点指数进行分组。Fradkin等人（2004）、Barrentine等人（1994）以及Mc Laughlin等人（1994），将高低水平运动员不同的杆头速度，即熟练的高水平球员比不熟练的业余球员拥有更高的杆头速度作为分组依据，对于我国高尔夫研究具有重要参考意义。李淑媛在其研究过程中，以开球距离为依据来选择研究对象，不失为一种比较恰当的方法。

依据《中国高尔夫球协会职业教练员教材（初级）》，高尔夫共有9种基本球路：直球、左曲球、右曲球、拉式直球、拉式左曲球、拉式右曲球、推式直球、推式左曲球和推式右曲球。身体各部位肌肉力量的控制、杆头轨迹、击球时杆面开放程度和击球角度等因素共同影响球路的改变。

国内研究中，高尔夫挥杆技术动作阶段划分通常包括三段式、四段式和五段式。三段式将挥杆动作分为上杆、下杆和随挥3个阶段。张勤在其研究中描述挥杆技术的动作结构特征时，从生物力学的角度将挥杆划分为第一阶段，即从起杆到上杆顶点的过程；第二阶段，即从上杆顶点到下杆，再到击球的过程；第三阶段，即顺势运动，从击球到挥杆结束。李淑媛等人从运动学的角度对高尔夫球员一号木进行研究，将高尔夫挥杆动作进行同样的划分。四段式划分在三段式的基础上更加注重对向下挥杆的细化，向上挥杆则与三段式划分相同。

五段式划分是将高尔夫挥杆技术动作划分为引杆、上杆、下杆、击球、随挥和结束5个动作阶段，这种划分方式使得研究更加具体化，着重强调击球瞬间的动作。范越从生物力学的角度将这些动作进行区分，认为高尔夫挥杆击球技术是一种围绕人体纵轴旋转的运动，这个纵轴从头部通过身体中心，以此轴为中心，用两臂、两手挥动球杆，肩部、腰部和下肢做充分回旋，挥杆轨迹呈较为均匀的大圆弧。李保虎等人在其研究中对此种划分方法做出进一步解释，并对每一阶段提出了技术要求。姜芹先等人综合了简单的三段式划分和外国学者近年来提出的上杆开始、上杆中期、上杆后期、上杆顶点、下杆初期、下杆中期、击球和随挥8个阶段划分方法，将挥杆过程划分为准备、上杆、下杆、击球和随挥5个阶段，与之前的五段式划分相比，更加注重挥杆前的准备时期。

车旭升在对挥杆动作进行运动力学分析时发现，高尔夫木杆挥杆过程中要掌握良好的节奏，高水平球员的上下杆用时比例接近4/1。李淑媛在研究高尔夫全挥杆技术时发现，使用1号木杆全挥杆击球时，杆头速度大的球员的最大杆头线速度明显在更靠近击球时刻出现，同时在下杆过程中，作用在前脚上的垂直分力更大。

李淑媛在另一篇文章中对一号木研究结果进行综述，每位球员全挥一号木的上杆动作时间极短，一般耗时1s左右；下杆动作时间更短，仅为其上杆动作时间的1/3；挥杆速度快的球员较速度慢的球员完成下杆用时更短；全挥杆的最大杆头线速度基本类似，最低速度为33.69m/s，最高速度为44.79m/s，且熟练的高水平球员远比不熟练的业余球员拥有更高的杆头速度；瞄球准备到上杆顶点过程中，挥杆速度快的球员较速度慢的球员能够更好地保持右膝关节角度基本不变，有利于上杆过程中以右腿为支撑，保持良好的下盘稳定性。

在高尔夫球18洞的比赛中，不是将球打得越远就越好，学者宋定衡（2003）研究发现，优秀选手（差点为0）的上果岭成功率为60%~75%，所以有25%以上的概率需要用到短打救平标准杆。一般选手（差点3~8）有一半的机会使用短打来救平标准杆。而差点为9~18的选手，上果岭率在30%以下，也就是说有70%以上概率用到短打来降低杆数。由此可见，对于总杆数在80杆以上的高尔夫球爱好者而言，每场18洞中，除了木杆及铁杆正常发挥之外，稳健的短打才

第四章 中国优秀女子高尔夫球选手与世界其他国家优秀选手技术对比分析

是降低总杆数的关键。因此，短打击球是降低总杆数的重要技术之一。短打击球包括短距劈起球（pitch shots）、起扑球（chipshots）、切滚球（chip and run）、沙坑球（bunker shots）及推杆（putting）。这种以短杆来控制距离的打法，大部分都是在距离球洞 100 码处或果岭的周边使用，通过适当的力道把球打上果岭，并使球靠近球洞，短距离击球时不需要太大的力量，尽量避免失误。高尔夫是一项耐心细致、力量精准、精神集中的运动。在韩国职业高尔夫球运动员中，42.0%的运动员对木杆有信心。

高尔夫球推杆技术动作根据推杆头部运动轨迹大体可分为直线型、旋转型和混合型 3 种。屈建平在《高尔夫推杆击打方式中的推与敲》一文中根据力学原理将高尔夫运动中的推击动作给出专业化定义：把能直接撞球前滚的击打称为推球；把不能直接撞转球，需要靠后续地面水平撞击滚动球的击打称为敲球。

随着我国对外开放深化，国外的一些研究方法列入中国，我们发现国内外研究方法大同小异。高尔夫全挥杆技术分析常用测试方法包括力量测试、肌电信号测试及传感技术等。这些方法均可获得球员挥杆动作的原始数据，并在此基础上进行一定的研究分析。

采用高速摄像系统，定点拍摄从球员的瞄球姿势到随挥动作结束，如图 4-7 所示。

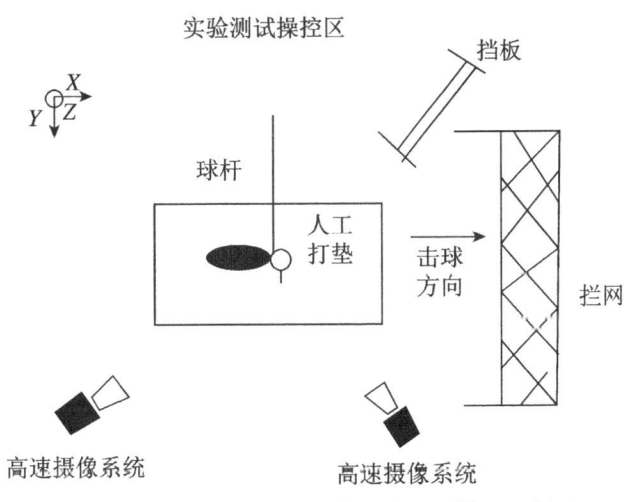

图 4-7　高尔夫全挥一号木杆测试现场模拟示意图

通过雷达捕获信息原理获得击球的数据（图 4-8 和图 4-9），这些数据可全面反映球员的击球技术动作特点。

图 4-8　Trackman 3 实物图 　　　　图 4-9　Trackman 3 数据采集界面

F-24 辐射型三维 DLT 标定框架，用于测试过程中对空间的三维标定作用（图 4-10）。

图 4-10　F-24 辐射型三维 DLT 标定框架

为保证测试结果的准确性，需提前做好测试准备工作：①需要对运动员测试区域进行清洁，该步骤采用脱脂酒精棉球完成；②要用已经准备好的剃须刀将测试部位的表面清理干净，而后使用砂纸打磨，去除角质层；③清洗皮肤表面的油脂，该步骤仍需使用脱脂酒精棉球；④在运动员进行准备活动后，再次清洗被测肌肉表面；⑤把电极沿着肌肉纤维的方向贴在被测肌肉处；⑥在电极贴好后接通导线并利用弹性绷带进行固定，力度要适中，以保证导线运动幅度最小。

三维测力系统（Force Platform System）由测力平台、信号调节放大器及计算机数据采集和处理装置三部分组成，质量和兼容性是该系统的关键。

本研究的研究对象为 2019 年上海别克 LPGA 锦标赛名次前 50 名中具有中国国籍的职业球员（共 6 名）并匹配相同数量、名次靠前的外籍职业球员（6 名），

第四章 中国优秀女子高尔夫球选手与世界其他国家优秀选手技术对比分析

共计 12 名球员，详细信息如表 4-18 和表 4-19 所示。

表 4-18 球员国内外本次比赛排名和最佳成绩信息

球员	本次比赛排名	国际巡回赛一级赛事最佳成绩
刘钰	T3	2019 年别克 LPGA 锦标赛第 3 名
冯珊珊	T14	2017 年蓝湾大师赛第 1 名
阎菁	T18	2019 年别克 LPGA 锦标赛第 18 名
刘瑞欣	T38	2014 年乐卡克北京女子精英赛第 4 名
何沐妮	T38	2019 年别克 LPGA 锦标赛第 38 名
冯思敏	T38	2016 年华彬 LPGA 精英赛第 7 名
Danielle Kang	1	2019 Buick LPGA Shanghai Driver
Jessica Korda	2	2018 Honda LPGA Thailand Driver
Nasa Hataoka	T3	2019 Japan Women's Open Golf Championship Driver
Kristen Gillman	T3	2018 Century'21 Ladies Golf Tournament Driver
Sei Young Kim	6	2019 CME Group Tour Championship Driver
Megan Khang	T7	2016 JTBC Founders Cup NO. 4

注：国内职业球员数据来源于 CLPGA（中国女子职业高尔夫球巡回赛）官方网站（http：//www.clpga.org）；外国职业球员数据来源于 LPGA（女子职业高尔夫球巡回赛）官方网站（https：//www.lpga.com）。

表 4-19 球员基本信息表

姓名	国籍	年龄（截至 2019 年 10 月）	身高（cm）	转职业时间（年）
刘钰	中国	24 岁	175.00	2014
冯珊珊	中国	30 岁	172.00	2007
阎菁	中国	23 岁	168.00	2014
刘瑞欣	中国	21 岁	160.00	2016
何沐妮	中国	20 岁	165.00	2017
冯思敏	中国	24 岁	178.00	2014
Danielle Kang	美国	–	167.64	2012

续表

姓名	国籍	年龄（截至 2019 年 10 月）	身高（cm）	转职业时间（年）
Jessica Korda	美国	-	180.34	2011
Nasa Hataoka	日本	-	157.48	2016
Kristen Gillman	美国	-	170.18	2019
Sei Young Kim	韩国	-	160.02	2015
Megan Khang	美国	-	154.94	2016

注：国内职业球员数据来源于 CLPGA（中国女子职业高尔夫球巡回赛）官方网站（http：//www.clpga.org）；外国职业球员数据来源于 LPGA（女子职业高尔夫球巡回赛）官方网站（https：//www.LPGA.com）。

冯珊珊，1989 年 8 月 5 日出生于广东省广州市。中国高尔夫球队队员，2007 年转为职业球员，中国历史第一块奥运高尔夫球奖牌获得者。2017 年 11 月 11 日在 LPGA 蓝湾大师赛决赛中夺冠，登顶女子高尔夫世界第一，被人们誉为"国宝珊"。

刘钰，1995 年 11 月 15 日出生于北京市。中国高尔夫球队队员，2014 年转为职业球员。2019 赛季凭借精湛、扎实的球技，不断刷新自己的最佳成绩。

阎菁，1996 年 3 月 8 日出生于上海市。中国高尔夫球队队员，2014 年转为职业球员。她在国内赢得过包括张连伟杯在内的不少冠军。

刘瑞欣，1998 年 11 月 13 日出生于广东省。2016 年转为职业球员。作为国内新起之秀，其实力不容小觑。

何沐妮，1999 年 6 月 16 日出生于四川省成都市。2017 年转为职业球员。2018 年 7 月 2 日，何沐妮在 LPGA 二级赛普拉斯科慈善锦标赛（Praso Charity Championship）中以 201 杆、三轮六字头（65-69-67）拿下她的职业首冠。

冯思敏，1995 年 4 月 7 日出生于北京市。2014 年转为职业球员。

以上 6 名国内球员平均年龄不到 24 岁，职业生涯不足 5.5 年。如表 4-20 所示，我国前 30 名女子球员平均年龄仅有（22.2±5.07）岁。此外，张维维、林希妤、刘文博、张婕娜琳等年轻球员，近年来球技突飞猛进，世界排名不断突破。相信未来几年，中国球员在国际高尔夫赛事中会身影频现，夺取佳绩。

第四章 中国优秀女子高尔夫球选手与世界其他国家优秀选手技术对比分析

表 4-20 国内前 30 名女子球员平均年龄统计

	国内女子前 30 名
平均年龄（$\bar{x}\pm SD$）	22.2±5.07

由表 4-21 可知，国内球员与世界顶级球员的竞赛成绩具有很大的差距。冯珊珊在世界排名中位居 23 名，国内排名第二的刘钰位居第 35 名，国内第 3 名的阎菁则是排在第 84 名，而除了冯珊珊、刘钰和阎菁 3 人外，国内排名第 4、第 5 和第 6 名的球员林希妤、鲁婉遥和张维维的世界排名分别为 141 名、179 名和 185 名，其他球员的世界排名更是位于 250 名以外。

表 4-21 球员国内排名与世界排名对比

球员	本次比赛排名	国内排名	世界排名
刘钰	T3	2	35
冯珊珊	T14	1	23
阎菁	T18	3	82
刘瑞欣	T38	7	271
何沐妮	T38	11	373
冯思敏	T38	19	594
Danielle Kang	1	—	4
Jessica Korda	2	—	16
Nasa Hataoka	T3	—	5
Kristen Gillman	T3	—	48
Sei Young Kim	6	—	6
Megan Khang	T7	—	44

注：国内数据来源于 CLPGA（中国女子职业高尔夫球巡回赛）官方网站（http://www.clpga.org）；外国数据来源于 LPGA（女子职业高尔夫球巡回赛）官方网站（https://www.lpga.com）（2019-11-27）。

高尔夫球运动成绩主要取决于击球距离和击球准确性两个要素，而高水平球员与低水平球员之间最大的差距就在于击球距离。

世界顶级女子职业球员 Anne Van Dam 一号木平均开球距离长达 283.84 码，Chella Choi 一号木上球道率高达 84.14%。我国本次参赛的前 6 名球员平均开球距离为（255.74±6.64）码，一号木开球平均上球道率为7（3.94±7.94)%。6名外国研究对象平均开球距离为（262.13±6.17）码，一号木开球平均上球道率为（73.97±2.81)%（表4-22）。

表4-22 国内外球员一号木相关数据

球员	一号木平均开球距离（码）	平均开球距离世界排名	一号木上球道率（%）	上球道率世界排名
刘钰	269.36	18	72.94	63
冯珊珊	255.23	102	81.06	8
阎菁	251.29	126	77.52	24
刘瑞欣	257.48	81	71.76	82
何沐妮	251.47	123	82.02	5
冯思敏	249.63	—	58.33	—
Danielle Kang	261.74	50	74.87	46
Jessica Korda	271.35	13	73.55	55
Nasa Hataoka	262.65	44	72.30	31
Kristen Gillman	256.23	92	72.25	75
Sei Young Kim	267.95	24	71.16	91
Megan Khang	253.49	109	79.69	14
国内球员均值	255.74±6.64		73.94±7.94	
外国球员均值	262.13±6.17		73.97±2.81	

注：球员一号木平均开球距离及一号木上球道率数据来源于LPGA（女子职业高尔夫球巡回赛）官方网站（https：//www.lpga.com）（2019-12-17）。

对比分析国内前30名女子球员与世界前30名女子球员一号木相关数据（表4-23），国内前30名女子球员一号木平均开球距离为（241.41±10.8）码，世界前30名女子球员一号木平均开球距离为（262.13±9.2）码。

表4-23 国内前30名女子球员与世界前30名女子球员一号木相关数据对比

	一号木平均开球距离（码）	一号木上球道率
国内前30名	241.41±10.8	75.75%±9.6%

第四章 中国优秀女子高尔夫球选手与世界其他国家优秀选手技术对比分析

续表

	一号木平均开球距离（码）	一号木上球道率
世界前30名	262.13±9.2	72.76%±5.1%

注：国内排数据来源于 CLPGA（中国女子职业高尔夫球巡回赛）官方网站（http://www.clpga.org）。外国数据来源于 LPGA（女子职业高尔夫球巡回赛）官方网站（https://www.lpga.com）（2019-11-27）。

对比国内球员的一号木平均开球距离与世界顶级球员的一号木平均开球距离，我国女子职业球员存在的普遍问题显而易见，一号木开球距离不够远。2007年，在夏威夷举行的冠军杯比赛上，男子球员 Dustin Johnson 用一号木狂轰 428 码。作为高尔夫运动中最具影响力的球员之一，他表示，"现代高尔夫超远的击球距离已不再是这项运动发展的利好，但理想距离的开球，可以给予球员显著的优势，能为'抓鸟''射鹰'创造有利条件"。

一、准备姿势技术动作分析

良好的开端是成功的一半，一号木杆作为下场、比赛开球的首选球杆，一号木开球质量的好坏会直接影响球员的比赛成绩。

查阅中国知网数据库、百度文库、Google 学术的相关研究，以"高尔夫运动""高尔夫全挥杆""高尔夫技术动作"为关键词进行检索，分别检索到结果 1164 条、110 条和 65 条，整合高尔夫球挥杆技术动作研究的相关资料：书籍、杂志、报纸、学术论文和硕士、博士论文 80 余篇，以及参考文献 50 余篇，分析研究并从中获得所需要的理论知识，对国内外有关高尔夫挥杆技术的研究进行总结归纳。

三维高速摄像方法说明如下所述。

（1）拍摄时间：2019 年 10 月 17 日至 20 日。

（2）拍摄地点：上海旗忠高尔夫球俱乐部——上海别克 LPGA 锦标赛比赛球场。

（3）拍摄对象：全体参赛球员。

（4）拍摄仪器设备：两台索尼 RX10 高速摄像机（配原装三脚架）、Peak——三维标定框架、水平仪和卷尺。

(5) 拍摄流程。

①预估球员开球区域：根据发球 Tee Mark 划定的开球区域及球道走势，预估球员开球区域，为架设相机做好充分准备。

②设置摄像机模式，架设摄像机：使用两台索尼 RX10 高速摄像机，拟采样频率为 1000 帧/秒，两台摄像机摆放在同一水平面内，机高 1.64m，分别位于距发球台中心点约 7.5m 远的左前、右前方位置，主光轴夹角接近 90°。

③架设 Peak——三维标定框架：将 Peak——三维标定框架架设在球员开球区域，Y 轴正方向指向球道方向，调整标定框架水平。

④拍摄 Peak——三维标定框架：用高速摄像机拍摄 Peak——三维标定框架视频，要求相机的拍摄模式和位置与后期实验拍摄模式和拍摄位置均相同。

⑤拍摄球员全挥杆技术动作：等待球员开球，定点拍摄从球员的瞄球姿势到随挥动作结束。

视频存档及备份：将比赛拍摄的球员全挥杆视频及 Peak——三维标定框架视频导入移动硬盘中整理存档并备份，以防数据丢失。

视频数据处理：采用国家体育总局体育科学研究所三维解析软件 Simi Reality Motion 进行解析，解析点在已有相关研究的基础上，结合本文研究需要进行设定（表4-24）。相关数据平滑采用身体关节数据和球杆、球数据，分别采用 6Hz 和 22Hz 不同频率进行平滑，从而得到解析点的三维坐标数据，并在此基础上进行运算。

表4-24 视频解析点设置与全挥杆特征画面设置

解析点	视频解析画面点
头	头部几何中心
左、右踝关节	踝关节突出位置
左、右膝关节	大腿纵轴与小腿纵轴的交点；正面观为髌骨中心点，后面观为腘窝中心点
左、右髋部	大腿纵轴与骨盆的交点；正面观为腹股沟中点，侧面观为大转子处
左、右肩部	上臂纵轴与躯干交点；正面观及侧面观为三角肌膨大处
杆头	杆头与杆身连接处
手腕	杆身纵轴与前臂纵轴的交点
左肘关节	上臂纵轴与前臂纵轴的交点；正面观及侧面观为肘横纹中点
球	高尔夫球的几何中心

第四章　中国优秀女子高尔夫球选手与世界其他国家优秀选手技术对比分析

提前两天到达赛场，与赛事主办方沟通交流并巡察球场，选择球道较直、难度较低的四杆洞或者五杆洞作为拍摄球道，以便较好地拍摄球员的一号木全挥杆技术动作。

在拍摄中，观察记录每位球员使用的球杆情况和准备姿势时球杆的杆身指向（指向身体中间、指向身体左侧、指向左侧中间位置），以及球位架设（中间、偏左、左侧中间）。在球员第一落球区，观察记录球的落点、最终距离及停点位置，为后期数据分析提供依据。技术动作分析时，通过观看球员的一号木全挥杆录像，分析球员的技术动作特点及不足。

运动学数据利用三维解析软件 Simi Reality Motion 进行解析，并使用该软件进行数据解析和相关角度运算，运用 Excel 2010 对选取的运动学数据进行描述统计分析。运用 SPSS 19.0 统计软件进行相关性分析。

本研究将刘钰等 12 名女子高尔夫球员的全挥杆技术动作录像利用三维解析软件 Simi Reality Motion 进行解析，在解析过程中确保精准无误的点到相应关节位置，从而获取准确的数据，对 12 名球员技术动作进行科学合理的技术分析为本次研究的重点。

录像拍摄：别克 LPGA 锦标赛是国内女子高尔夫顶级赛事之一，球场难度系数大，球道较窄，难以架设机位。参赛球员水平高、观众较多，容易出现观众或球童对相机产生遮挡的问题，不能够完整地拍摄球员的全挥杆视频。

实验分析：本研究需要耗费大量时间对人体关节点位进行确定，容易产生误差，需要熟悉人体关节，大量数据的整理需要耗费时间和精力，必须要保持足够的细心和耐心，以确保数据的准确性和本研究顺利进行。

本研究所使用的视频素材为别克 LPGA 锦标赛竞赛过程中利用高速摄像设备拍摄的球员全挥杆技术动作视频。在比赛过程中，球员为取得优异的竞赛成绩，需要充分发挥自身才能并做出主观判断，将体能、技能、战术能力、心理能力及知识能力运用到极致，专注度高，协调性强，稳定地发挥技术动作，展现最佳的竞技能力。

分析球员在竞赛过程中的技术动作特点，能够发现球员在挥杆技术动作上的优势和不足，为球员的训练提供理论参考，使球员在今后的训练过程中更具有针对性，从而更有效地提高球员的竞技水平。

王昆仑教授在《高尔夫球运动教程》一书中提到"运动技术是完成体育动作的方法，是运动员竞技能力水平的重要决定因素"。针对高尔夫技术动作，相关解释为球员合理利用身体能力和挥杆击球动作提高运动成绩的有效方法。由于高尔夫球运动技术是通过运动员的身体表现出来的，可以把运动技术称作"技术动作"或"动作技术"。

三维平面概念的创造者西奥多·P.约根森在1994年对造成球在空中飞行的原因进行了深入研究，他结合现代雷达技术，利用Trackman收集的上百万个击球的数据证实了影响球的飞行规律的5个要素：杆头速度、杆头轨迹、杆面角度、击球角度及击球中心度。

根据《中国高尔夫球协会职业教练员教材（初级）》，一号木全挥杆技术主要包括：击球准备→起杆→上杆→顶点→下杆→释放→击球→送杆→前挥→收杆10个阶段的技术动作。

本研究为更加直观清晰地描述高尔夫全挥杆技术的过程，将全挥杆技术动作分为准备阶段、上杆阶段、下杆阶段、送杆阶段和收杆阶段5个阶段，并进一步细分为准备姿势—上杆九点钟、上杆九点钟—上杆十二点钟、上杆十二点钟—上杆顶点、上杆顶点—下杆十二点钟、下杆十二点钟—下杆九点钟、下杆九点钟—击球瞬间、击球瞬间—收杆三点钟、收杆三点钟—随挥结束9个关键时刻和8个挥杆阶段。为方便进一步研究，定义准备姿势—上杆九点钟为上杆第一阶段，上杆九点钟—上杆十二点钟为上杆第二阶段，上杆十二点钟—上杆顶点为上杆第三阶段，上杆顶点—下杆十二点钟为下杆第一阶段，下杆十二点钟—下杆九点钟为下杆第二阶段，下杆九点钟—击球瞬间为下杆第三阶段、击球瞬间—收杆三点钟为送杆阶段、收杆三点钟—随挥结束定义为随挥阶段，如表4-25~表4-27所示，以右利手球员为例。

表4-25 全挥杆技术动作划分

准备阶段	上杆			下杆			送杆	收杆
	上杆第一阶段	上杆第二阶段	上杆第三阶段	下杆第一阶段	下杆第二阶段	下杆第三阶段	送杆阶段	随挥阶段

第四章 中国优秀女子高尔夫球选手与世界其他国家优秀选手技术对比分析

续表

准备姿势	上杆九点钟	上杆十二点钟	上杆顶点	下杆十二点钟	下杆九点钟	击球瞬间	收杆三点钟	随挥结束
第一关键时刻	第二关键时刻	第三关键时刻	第四关键时刻	第五关键时刻	第六关键时刻	击球关键时刻	第八关键时刻	第九关键时刻

注：①图标间隙不代表时间间隔长短；②关键时刻为球杆杆身指向。

选择上述动作特征时刻进行分析是基于本研究的需要。击球准备是高尔夫全挥杆技术的起始动作，为整个挥杆过程建立平衡奠定基础。Jim Suttit 认为球员瞄球准备时身体姿势相当重要，球员全挥杆存在的问题中有80%与球员站姿或上杆动作有关。

表4-26 高尔夫挥杆动作特征画面名称及定义

画面名称	定义
准备姿势	由准备姿势转为球杆杆头向后引的前一帧
上杆九点钟	杆身后引至九点钟位置的一帧
上杆十二点钟	杆身后引至十二点钟位置的一帧
上杆顶点	杆头开始反方向移动的前一帧
下杆十二点钟	杆身下杆至十二点钟位置的一帧
下杆九点钟	杆身下杆至九点钟位置的一帧
击球瞬间	击球瞬间球移动的前一帧
送杆三点钟	杆身送杆至三点钟位置的一帧

表4-27 高尔夫挥杆动作阶段划分特征画面

阶段划分	阶段起始帧	阶段结束帧
上杆第一阶段	由准备姿势转为球杆杆头向后引的前一帧	杆身后引至九点钟位置的一帧

续表

阶段划分	阶段起始帧	阶段结束帧
上杆第二阶段	杆身后引至九点钟位置的一帧	杆身后引至十二点钟位置的一帧
上杆第三阶段	杆身后引至十二点钟位置的一帧	杆头开始反方向移动的前一帧
下杆第一阶段	杆头开始反方向移动的前一帧	杆身下杆至十二点钟位置的一帧
下杆第二阶段	杆身下杆至十二点钟位置的一帧	杆身下杆至九点钟位置的一帧
下杆第三阶段	杆身下杆至九点钟位置的一帧	击球瞬间球移动的前一帧

良好的开始是成功的一半，准备姿势是全挥杆技术的重要组成部分。站位作为准备姿势的基础，其是否合理直接影响挥杆质量。错误的站位将会导致挥杆动作失去平衡，不利于挥杆过程中力量的释放。站位的相关参数的操作性定义及相关运算方法如表4-28所示。

表4-28 站位的相关参数的操作性定义及相关运算方法

参数变量	定义	运算方法
站位宽度比	左右踝关节之间距离与左右肩部距离之比	运用三维坐标系，计算左右踝关节与左右肩部之间的距离、然后计算比值
全挥杆各阶段用时	两关键时刻之间的用时	运用两关键时刻之间的帧数乘以每一帧所用的时间
球杆与手臂夹角	球杆与球员左手臂之间的夹角	运用杆头、手腕及左肘关节3点的三维坐标计算
肩部转动角度	两肩关节中心连线相对于准备姿势时转过的角度	两肩关节在水平面上的投影与准备姿势时的投影所形成的夹角
髋部转动角度	两髋关节中心连线相对于准备姿势时转过的角度	两髋关节在水平面上的投影与准备姿势时的投影所形成的夹角
左、右膝关节角度	大腿的矢量与小腿的矢量所成的夹角	两侧髋膝踝关节中心连线所成夹角
挥速	击球前一帧杆头的速度	根据球的几何中心点的三维坐标计算
球速	球开始移动后一帧球的速度	根据球的几何中心点的三维坐标计算

续表

参数变量	定义	运算方法
起飞角度	球起飞时与水平面的夹角	根据球的几何中心点的三维坐标计算
落点距离	球第一次落地的位置与击球前球的位置之间的距离	高尔夫测距仪
滚动距离	球最后停止移动的位置与第一次落地的位置之间的距离	丈量
重心	人体全部环节所受重力的合力的作用点	采用 Hanavan 人体数学模型

由表4-29可知，国内球员站位宽度比平均值为（1.19±0.05），外国球员站位宽度比平均值为（1.23±0.12）；站位最宽的是 Danielle Kang，站位宽度为0.50m；站位最窄的是 Sei Young Kim，站位宽度为0.32m。身高最高的 Jessica Korda，其站位宽度只有0.45m；而身高最矮的 Megan Khang，其站位宽度为0.43米。由此推测身高与站位宽度无显著相关性。分析发现，身高与站位宽度未发现显著相关性，如表4-30所示。

表4-29 球员站位宽度比数据分析

	均值（$\bar{x}$±SD）
国内球员站位宽度比平均值	1.19±0.05
外国球员站位宽度比平均值	1.23±0.12

表4-30 身高与站位宽度相关性分析

		站位宽度
身高（cm）	样本量	12
	Pearson 相关性	0.255
	显著性（双侧）	0.423

身高与站位宽度相关系数为0.255（$p=0.423>0.05$），未发现身高与站位宽度具有显著相关性。而肩膀的宽度与站位宽度相关系数为0.718（$p=0.008<0.05$），如表4-31所示。

表 4-31 肩宽与站位宽度相关性分析

		站位宽度
肩宽	样本量	12
	Pearson 相关性	0.718*
	显著性（双侧）	0.008

注：*表示 $p<0.05$，在 0.05 水平（双侧）上显著相关。

肩膀宽度与站位宽度具有显著正相关性。肩膀较宽的球员，其站位会相对宽一些，而肩膀较窄的球员，其站位会相对窄一些。不同球员的站位宽度与肩膀宽度的比值处在一个相对固定的数值，如表 4-32 所示。

表 4-32 球员站位宽度比

球员	站位宽度比
刘钰	1.22
冯珊珊	1.21
阎菁	1.13
刘瑞欣	1.27
何沐妮	1.18
冯思敏	1.15
Danielle Kang	1.31
Jessica Korda	1.18
Nasa Hataoka	1.42
Kristen Gillman	1.23
Sei Young Kim	1.07
Megan Khang	1.14

通过前文对 2019 年 5 月北京市乐卡克高尔夫球赛事的研究，我们也得出相同的结论，每个球员的站位宽度比大致相同，但存在个体差异，可能与球员身体特征差异、身体肌肉的特性及挥杆个性等因素有关，决不能一概而论。

由表 4-33 可知，大多数球员的球杆握把在中间位置，刘钰和 Nasa Hataoka 为中间略微偏左，阎菁、刘瑞欣和何沐妮球杆握把位置为中间偏左。

表 4-33 准备姿势球杆握把相对髋部中间位置统计

球员	球杆相对位置
刘钰	中偏左
冯珊珊	中
阎菁	左
刘瑞欣	左
何沐妮	左
冯思敏	中
Danielle Kang	中
Jessica Korda	中
Nasa Hataoka	中偏左
Kristen Gillman	中
Sei Young Kim	中
Megan Khang	中

准备姿势时球杆握把相对髋部中间位置偏左，会导致在上杆伊始手腕启动先于肩部，不利于上杆幅度的增加。

二、上杆阶段技术动作分析

上杆阶段也称为后挥杆阶段，开始后挥杆做得是否正确至关重要，并且全挥杆的挥杆节奏主要由后挥杆来奠定。后挥杆动作不应过快，要在上杆的各个阶段有节奏地进行。

如图 4-11 所示，上杆阶段中，球员在上杆第一阶段用时最长，上杆第三阶段用时次之，上杆第二阶段用时最短，球员在上杆第一阶段用时普遍大于上杆第二阶段与第三阶段。

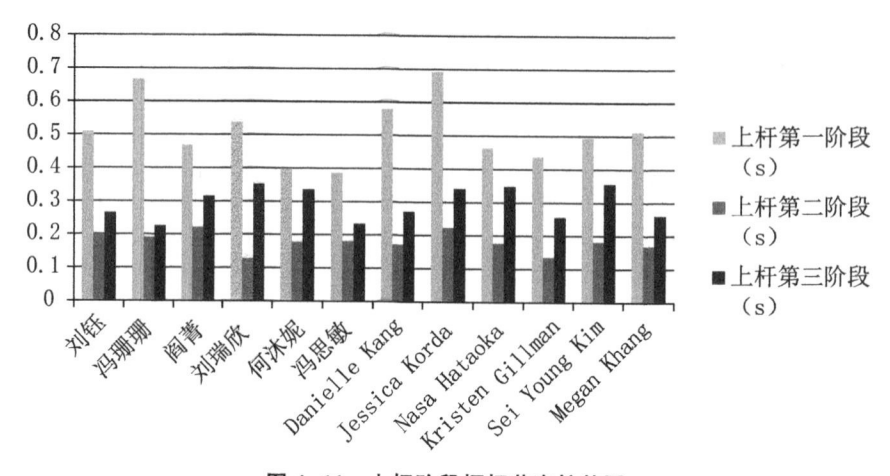

图 4-11 上杆阶段挥杆节奏柱状图

多数球员上杆第一阶段用时要略大于上杆第二阶段与上杆第三阶段的总时间。但何沐妮、冯思敏、Nasa Hataoka 和 Sei Young Kim 4 名球员上杆第一阶段用时要小于上杆第二阶段和上杆第三阶段用时的和，如图 4-12 所示。

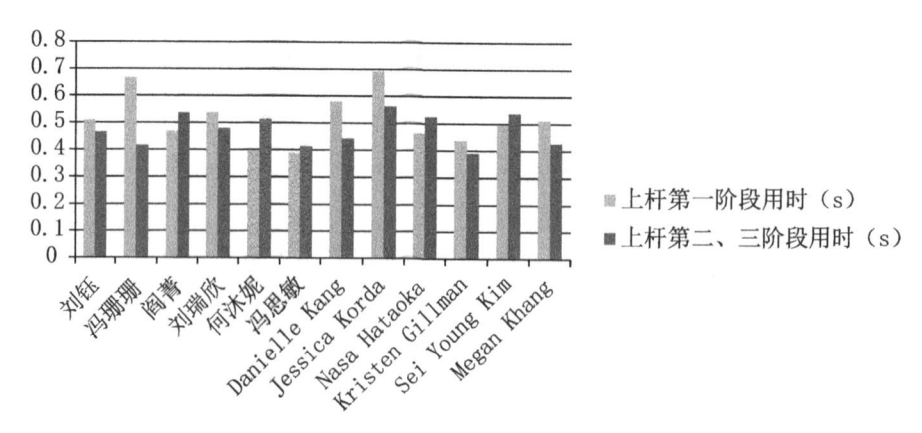

图 4-12 上杆阶段挥杆节奏对比柱状图

如表 4-34 所示，国内球员上杆第一阶段与上杆第三阶段均值为（0.493±0.094）s 和（0.287±0.049）s，外国球员上杆第一阶段与上杆第三阶段均值为（0.592±0.085）s 和（0.035±0.044）s，国内球员整体在上杆第一阶段与上杆第三阶段的节奏要快于外国球员。在上杆第二阶段，国内球员的整体节奏要慢于外国球员，用时分别为（0.183±0.028）s 和（0.175±0.025）s。

由图 4-11 可知，上杆第一阶段 Jessica Korda 节奏最慢，用时 0.691s，

Kristen Gillman 节奏最快，用时为 0.437s；国内球员冯珊珊用时较长，为 0.665s，冯思敏节奏最快，用时 0.386s。

表 4-34 上杆阶段挥杆节奏均值

球员	上杆第一阶段（s）	上杆第二阶段（s）	上杆第三阶段（s）	上杆阶段用时（s）
国内球员（$\bar{x}\pm SD$）	0.493±0.094	0.183±0.028	0.287±0.049	0.470±0.045
外国球员（$\bar{x}\pm SD$）	0.592±0.085	0.175±0.025	0.035±0.044	0.480±0.064

虽然球员的挥杆节奏在个别阶段有一定的差异，但整体上杆是一个由慢到快再到慢的上杆节奏，球员的上杆动作是从静止到加速的一个过程，在上杆过程中某一处开始做减速运动，直到上杆顶点挥杆速度降至 0，随后进入下杆阶段。

如图 4-13 和图 4-14 所示，冯思敏和 Nasa Hataoka 准备姿势时球杆与手臂夹角相对较小，分别为 126.7°和 126.7°，可能与其 160cm 和 157.48cm 的身高有关系，但身高同样为 160 cm 的 Sei Young Kim 准备姿势时球杆与手臂夹角却有 145.6°。

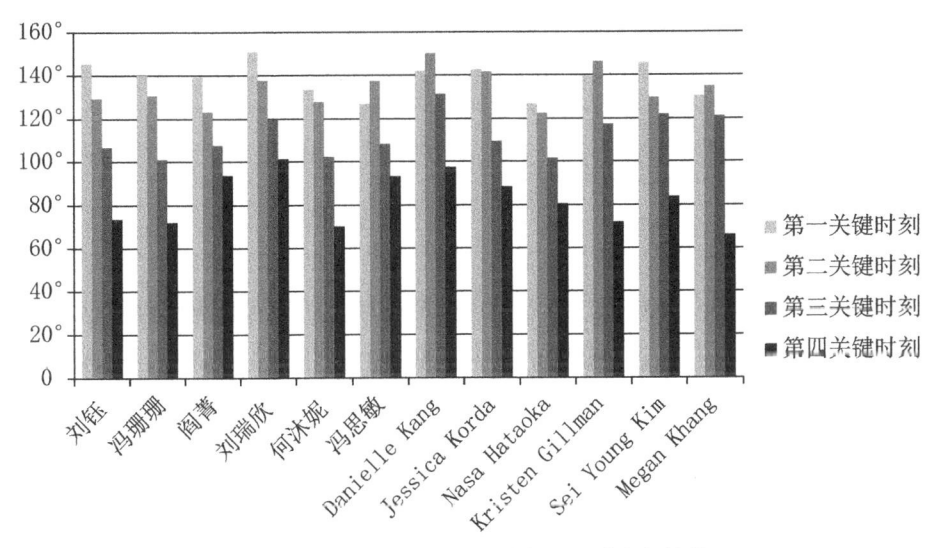

图 4-13 上杆阶段关键时刻球杆与手臂夹角柱状图

图 4-14 上杆阶段关键时刻球杆与手臂夹角折线图

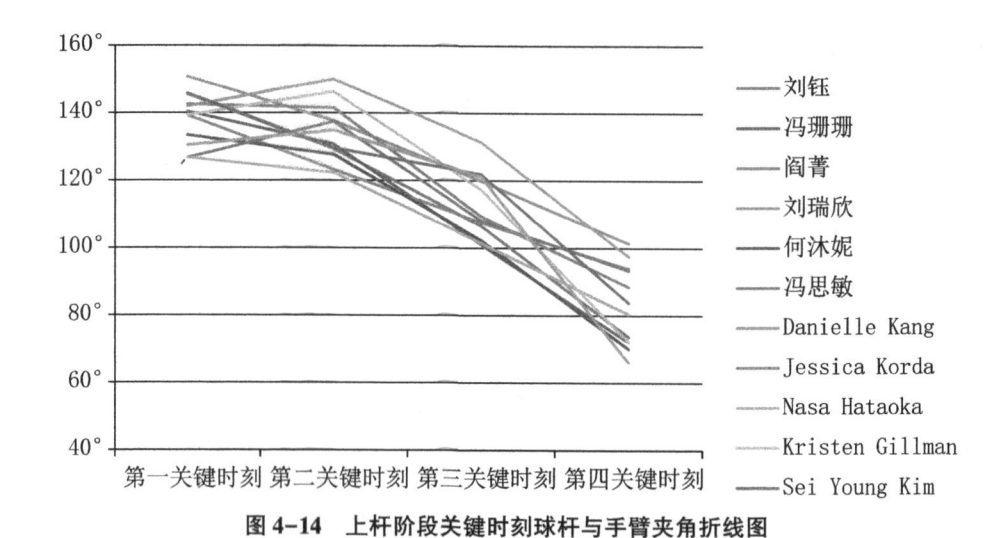

通过分析准备姿势球杆与手臂的夹角的相关性，如表 4-35 所示，未发现角度与球员身高具有显著相关性，可能是因为职业球员的球杆多数为定制球杆，会较好地匹配其身高。此外，球员会根据自身的击球特点调整球杆位置，从而达到更好的击球效果。

表 4-35 身高与球杆手臂夹角相关性表

		准备姿势球杆手臂夹角
身高（cm）	样本量	12
	Pearson 相关性	0.089
	显著性（双侧）	0.782

准备姿势时球杆与手臂夹角，是准备姿势时球杆的相对位置和球杆的倾斜角度的体现。准备姿势球杆与身体的相对距离越远，球杆与手臂夹角就会越大。相反，准备姿势时球杆与身体的相对距离越近，球杆与手臂夹角就越小。另外，杆身倾斜角度越大，球杆与手臂夹角就相应变小；杆身倾斜角度越小，球杆与手臂夹角就相应增大。

图 4-15 为球员上杆过程中的上杆半径。球杆与手臂的夹角越大，说明在上杆过程中手臂越伸展，可以构架较大的挥杆半径。例如，Danielle Kang 和 Jessica Korda，准备姿势时夹角与上杆九点钟角度基本一致。Danielle Kang 准备姿势时球杆与手臂夹角为 141.8°，上杆九点钟球杆与手臂夹角为 150.0°。Jesaica Korda

准备姿势时球杆与手臂夹角为 142.4°，上杆九点钟球杆与手臂夹角为 141.4°，这说明球员在上杆第一阶段并没有做立腕动作。球杆与手臂夹角越小，则说明在上杆过程中可能某一阶段的技术动作出现了问题，如肩膀转动不充分、立腕较早等，刘钰、冯珊珊这两名国内球员就存在这种情况，日本球员 Nasa Hataoka 等也存在这个问题。

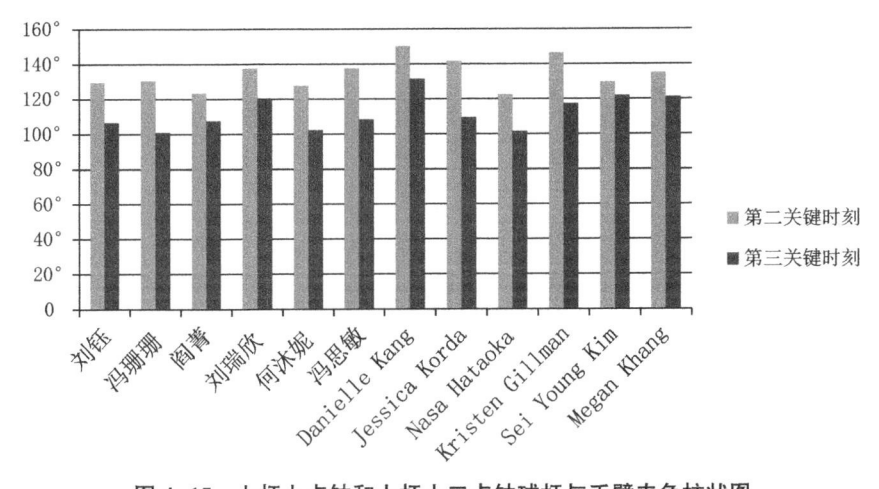

图 4-15　上杆九点钟和上杆十二点钟球杆与手臂夹角柱状图

从图 4-16 可以看出，刘钰、冯珊珊和何沐妮上杆顶点球杆与手臂夹角分别为 73.6°、72.1°和 70.1°。阎菁、刘瑞欣和冯思敏上杆顶点球杆与手臂夹角相对要大一些，分别为 93.8°、101.3°和 97.4°。Megan Khang 上杆顶点球杆与手臂夹角为 66.1°。

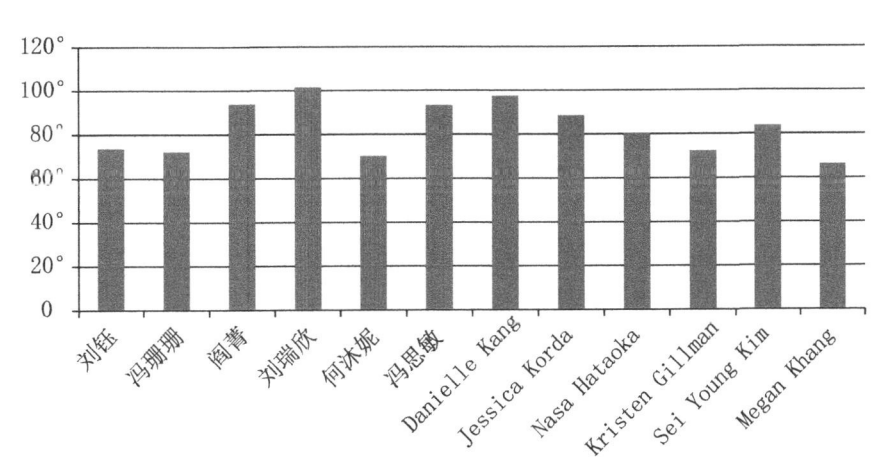

图 4-16　球员上杆顶点球杆与手臂夹角柱状图

在上杆顶点时，上杆幅度主要由髋部的旋转幅度、肩部的旋转幅度及球杆与手臂夹角的大小共同决定。在髋部的旋转幅度和肩部的旋转幅度一定的情况下，球杆与手臂夹角越小，上杆幅度会相对越大，上杆顶点时的躯干可以看作拧紧的"发条"，较大的上杆幅度会给球员在下杆过程中更大的爆发力和更加充裕的加速时间。

高尔夫球的挥杆运动属于鞭打类运动，上杆过程属于蓄力过程。由图4-17可知，从准备姿势到上杆顶点的过程中，球杆与手臂的夹角逐渐减小，这个过程使身体相关肌肉得到拉伸，为下杆积蓄力量。

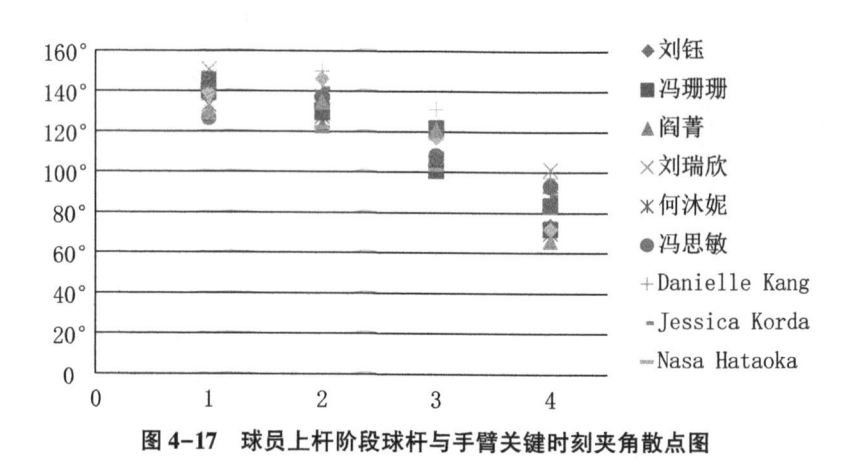

图4-17 球员上杆阶段球杆与手臂关键时刻夹角散点图

由表4-36可知，刘钰在上杆第一阶段球杆与小臂夹角减小16.1°，冯珊珊在上杆第一阶段球杆与小臂夹角减小9.5°，阎菁在上杆第一阶段球杆与小臂夹角减小16.0°，刘瑞欣在上杆第一阶段球杆与小臂夹角减小13.2°，何沐妮在上杆第一阶段球杆与小臂夹角减小5.7°，Jessica Korda在上杆第一阶段球杆与小臂夹角减小0.9°，Nasa Hataoka在上杆第一阶段球杆与小臂夹角减小4.5°，Sei Young Kim在上杆第一阶段球杆与小臂夹角减小16.0°。以上球员在上杆第一阶段球杆与手臂夹角出现不同幅度减小。而冯思敏在上杆第一阶段球杆与小臂夹角增大10.6°，Danielle Kang在上杆第一阶段球杆与小臂夹角增大8.3°，Kristen Gillman在上杆第一阶段球杆与小臂夹角增大7.0°，Megan Khang在上杆第一阶段球杆与小臂夹角增大4.5°。

表 4-36 上杆阶段关键时刻球杆与手臂夹角变化

球员	上杆第一阶段角度变化（°）	上杆阶段角度变化（°）
刘钰	16.1	71.7
冯珊珊	9.5	68.1
阎菁	16.0	45.4
刘瑞欣	13.2	49.4
何沐妮	5.7	63.2
冯思敏	-10.6	33.5
Danielle Kang	-8.3	44.4
Jessica Korda	0.9	53.9
Nasa Hataoka	4.5	46.4
Kristen Gillman	-7.0	67.1
Sei Young Kim	16.0	61.9
Megan Khang	-4.5	64.2

注：角度变化=前一关键时刻-后一关键时刻，度数负值为上杆阶段角度值变大。

中国、韩国及日本等亚洲球员，在上杆过程通常采用先转动手腕随之转肩的上杆方式。而欧美球员在上杆第一阶段则保持良好的肩部转动，使得在上杆过程中获得较大的挥杆半径。

由图 4-18 可知，刘钰、冯珊珊、何沐妮、Kristen Gillman 和 Megan Khang 等人在整个上杆过程中球杆与右手臂夹角变化度数较大，说明球员腕部的柔韧性较好，上杆幅度明显增大，在上杆过程中会获得更大的力量积蓄，为下杆过程做充分准备。

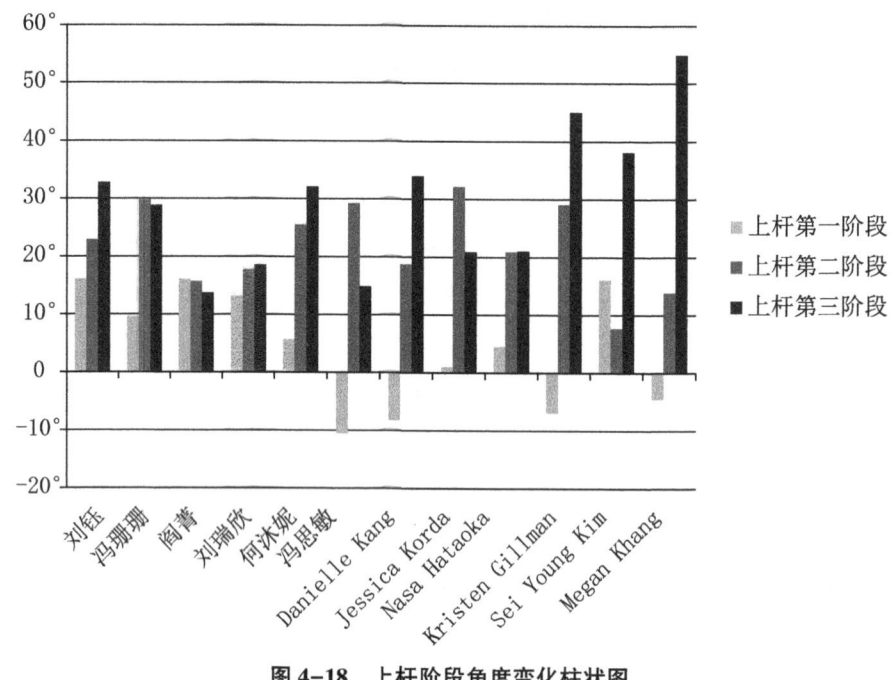

图 4-18 上杆阶段角度变化柱状图

上杆阶段肩膀转动幅度主要与球员的身体柔韧性，以及球员髋部的配合转动程度有关。

如图 4-19 所示，刘钰在上杆第一阶段肩膀转动幅度较大，肩膀旋转角度为 49.4°，上杆第二阶段和上杆第三阶段转动幅度较小，所以刘钰在上杆顶点时转动幅度并不大。而刘瑞欣在上杆各个阶段肩膀转动幅度较大，在上杆第一阶段、上杆第二阶段和上杆第三阶段肩膀旋转角度分别为 46.7°、34.7° 和 51.9°，这可能与球员的个人柔韧性有关。Danielle Kang 在上杆第一阶段和上杆第二阶段上杆幅度较大，分别为 57.1° 和 59.5°，但是在上杆第三阶段时肩膀转动幅度只有 4.3°，其上杆到上杆十二点钟时，肩膀转动幅度基本达到最大值，在上杆第三阶段时，主要依靠手臂更加靠近身体，以及右手臂的弯曲来增大上杆幅度。

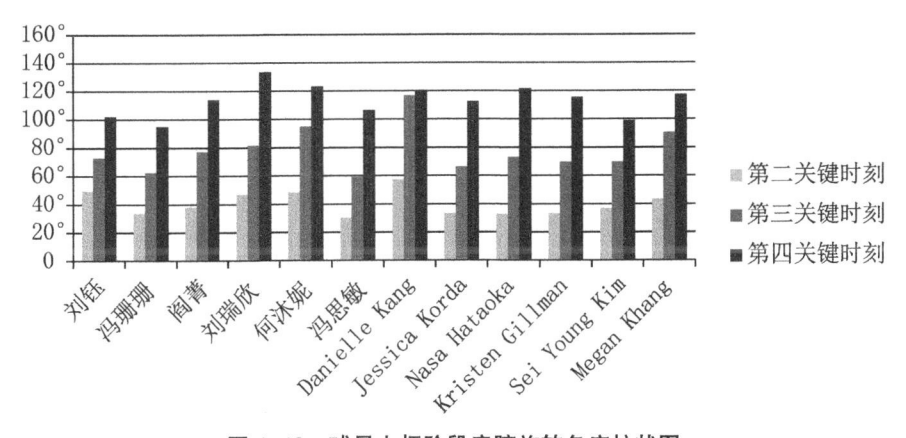

第四章 中国优秀女子高尔夫球选手与世界其他国家优秀选手技术对比分析

图 4-19 球员上杆阶段肩膀旋转角度柱状图

综上所述，球员在上杆过程中，每个阶段肩膀转动幅度不同。不同球员之间，在同一阶段肩膀转动幅度也不尽相同，而且球员肩膀在上杆过程中的旋转并非是匀速转动，不同球员的转动节奏不同。

分析髋部的旋转角度有利于了解球员在挥杆过程中的技术动作特点。

由图 4-20 可知，刘钰、冯珊珊和外国球员 Kristen Gillman 的髋部旋转幅度较小，其在上杆顶点髋部旋转幅度分别为 9.9°、14.0° 和 9.5°。上杆幅度较小一方面可能是球员髋部柔韧性较差不能够旋转较大的角度，另一方面可能是球员刻意压制髋部的旋转角度，避免在整个挥杆过程中动作幅度过大，从而提高挥杆击球的稳定性。

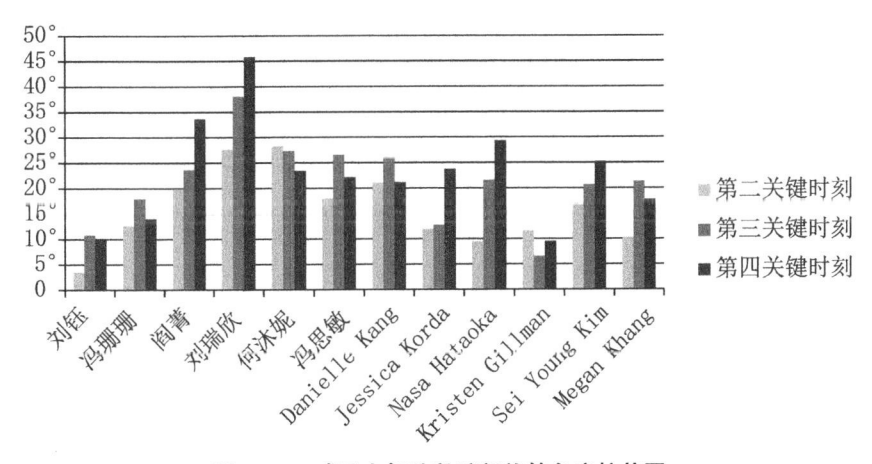

图 4-20 球员上杆阶段髋部旋转角度柱状图

· 133 ·

另一方面，对于刘瑞欣、阎菁和 Nasa Hataoka 上杆顶点时髋部的旋转角度，刘瑞欣的髋部旋转角度达到 45.8°，阎菁和 Nasa Hataoka 的髋部旋转角度也有 33.6°和 29.2°。在上杆过程中肩部旋转到一定角度时，髋部的适度旋转会增大肩部的旋转角度，能够增大整个上杆过程的上杆幅度，为下杆过程做更加充分的准备。

由图 4-21 可知，刘钰、冯珊珊、何沐妮、冯思敏、Danielle Kang 和 Megan Khang 在上杆顶点时，髋部的旋转角度要小于上杆十二点钟时的髋部旋转角度，这是因为球员在球杆未达到上杆顶点时，肩部已经开始做反方向旋转，使身体像发条一样，产生更大的爆发力，从而提高杆头速度。

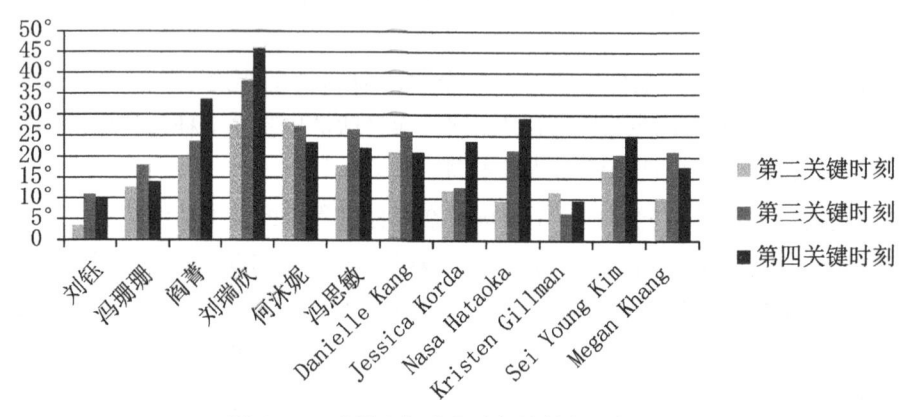

图 4-21 球员上杆阶段髋部旋转角度柱状图

肩和髋相对旋转角度，主要体现在上杆过程中球员上肢的主动旋转能力，表 4-37 为国内球员与外国球员肩和髋相对旋转角度的均值。

表 4-37 肩和髋的相对旋转角度

球员	上杆九点钟（°）	上杆十二点钟（°）	上杆顶点（°）
国内球员均值（$\bar{x}$±SD）	22.7±10.8	50.6±11.8	87.6±6.8
外国球员均值（$\bar{x}$±SD）	25.9±6.3	62.9±14.3	93.2±10.4
12 名球员均值（$\bar{x}$±SD）	24.3±9.0	56.7±14.5	90.4±9.2

由图 4-22 可知，国内球员刘钰、何沐妮肩部主动旋转能力较强，高于平均水平（90.4±9.2）°。外国球员特别是欧美球员 Danielle Kang、Kristen Gillman、Megan Khang 柔韧性都较强，甚至高于外国球员的平均值（93.2±10.4）°。与国

内球员相比，外国球员的肩部旋转能力更强，国内球员的均值为（87.6±6.8）°，外国球员的均值为（93.2±10.4）°，国内球员与外国球员之间仍存在一定的差距。

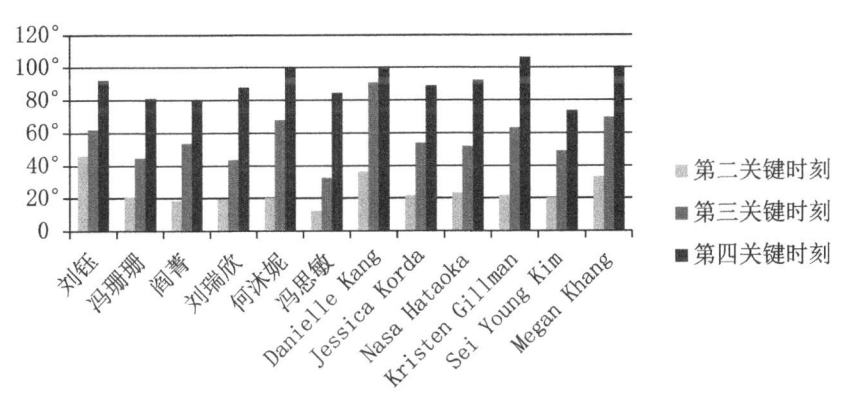

图 4-22　肩和髋相对旋转角度柱状图

此外，髋部的旋转角度在一定程度上会影响肩部在上杆顶点时的旋转角度。通过分析上杆顶点时肩部转动角度与髋部旋转角度相关性发现，肩部在上杆顶点时的旋转角度与髋部上杆顶点时的旋转角度显著相关 $p=0.041<0.05$（表4-38），在统计学上有显著相关性。因此，在考虑肩部旋转不到位的同时，可以同步观察，是否可以增大髋部的旋转角度来增加肩部相对旋转角度，从而增大上杆幅度。

表 4-38　肩部转动角度与髋部旋转角度相关性分析

		髋旋转
	样本量	12
上杆肩转动	Pearson 相关性	0.595*
	显著性（双侧）	0.041

注：*表示在 0.05 水平（双侧）上显著相关。

上杆过程中膝关节的角度变化可以体现球员在上杆过程中重心的移动情况。

由图 4-23 和图 4-24 可知，在上杆阶段，多数球员左膝关节角度不断减小，右膝关节角度在上杆第一阶段与上杆第二阶段不断增大，但在上杆第三阶段角度逐渐减小。可能的原因是，上杆伴随髋部转动，球员右侧髋相对左侧髋部先后移动,导致左腿关节角度增大,右腿关节角度减小,但在上杆十二点钟后,髋部达到一个旋转的峰值,导致左右膝关节角度变化趋势发生了改变,当到达上杆顶点时,髋部已经开始左反向回旋,左侧髋部相对右侧髋部后移,导致左膝关节角度变大,右膝关节角度减小。

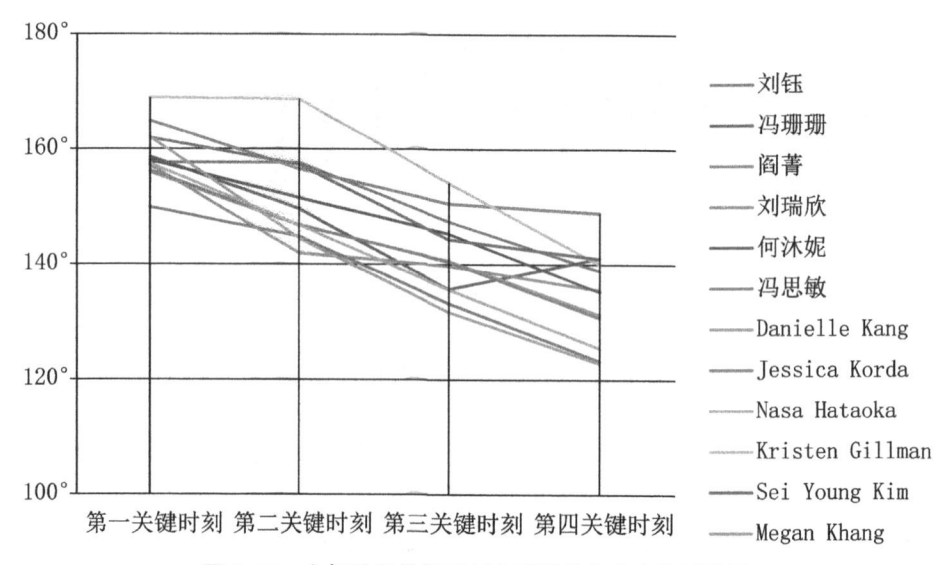

图 4-23 上杆阶段关键时刻左膝关节角度变化折线图

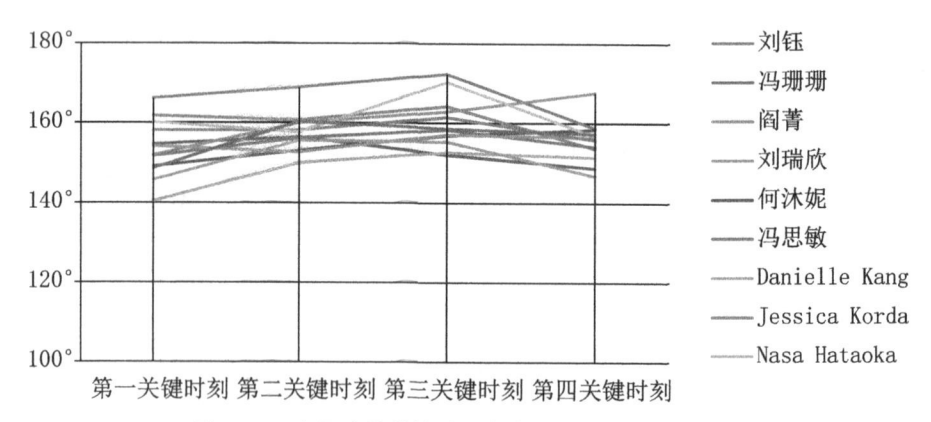

图 4-24 上杆阶段关键时刻右膝关节角度变化折线图

通过球员准备姿势左右膝关节角度(图 4-25)可以判断球员准备姿势时重心的左右分配,然后通过观察球员的挥杆录像,可以发现,球员的准备姿势时球位、球杆的相对位置及握杆的方式。大多数球员准备姿势时左膝关节角度大于右膝关节角度，说明球员在准备姿势时重心放在偏向身体右侧的位置，球位摆放在左脚侧位置，身体上半身右倾，这样不仅有利于一号木杆挥杆平面更加平缓地击球，还有利于肩膀转动，重心转移发力，以及手腕延迟释放。

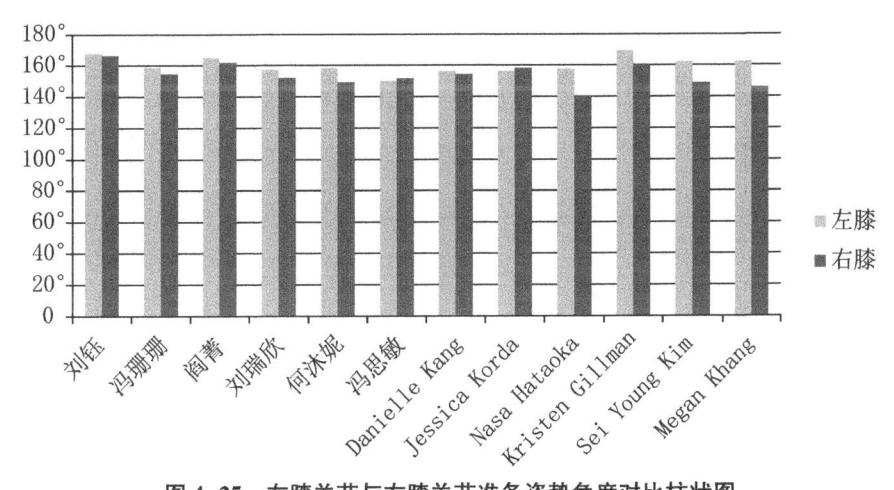

图 4-25 左膝关节与右膝关节准备姿势角度对比柱状图

此外，准备姿势时膝关节的弯曲角度与球员的身高相关系数为 0.694，$p = 0.012<0.05$，在统计学上具有显著相关性，如表 4-39 所示。

表 4-39 身高与准备姿势右膝关节角度

		右膝关节角度
	样本量	12
身高	Pearson 相关性	0.694*
	显著性（双侧）	0.012

注：*表示在 0.05 水平（双侧）上显著相关。

球员身高越高，则在准备姿势时膝关节弯曲角度越大；球员身高越矮，则在准备姿势时膝关节弯曲角度越小。膝关节弯曲角度大，说明球员在准备姿势时下蹲得更浅一些，这样有利于身高比较高的球员在挥杆过程中稳定身体重心，从而有效提高击球稳定性。

三、下杆阶段技术动作分析

如图 4-26 所示，球员在下杆 3 个阶段中，用时最长的是下杆第一阶段，其中何沐妮、刘瑞欣和 Nasa Hataoka 下杆第一阶段用时较长，节奏较慢，用时分别为 0.237s、0.201s 和 0.254s。进一步分析 3 名球员的下杆挥杆节奏发现，在下杆第二阶段和下杆第三阶段 Nasa Hataoka 用时均为 0.046s；刘瑞欣在下杆第二阶段和下杆第三阶段用时分别为 0.44s 和 0.50s，在下杆第三阶段用时反而比下杆第二阶段更长一些；何沐妮在下杆第二阶段和下杆第三阶段用时分别为 0.054s 和 0.047s，球员各阶段挥杆用时的长短在一定程度上可以反映球员在该阶段的挥杆速度，这将直接影响出球速度。

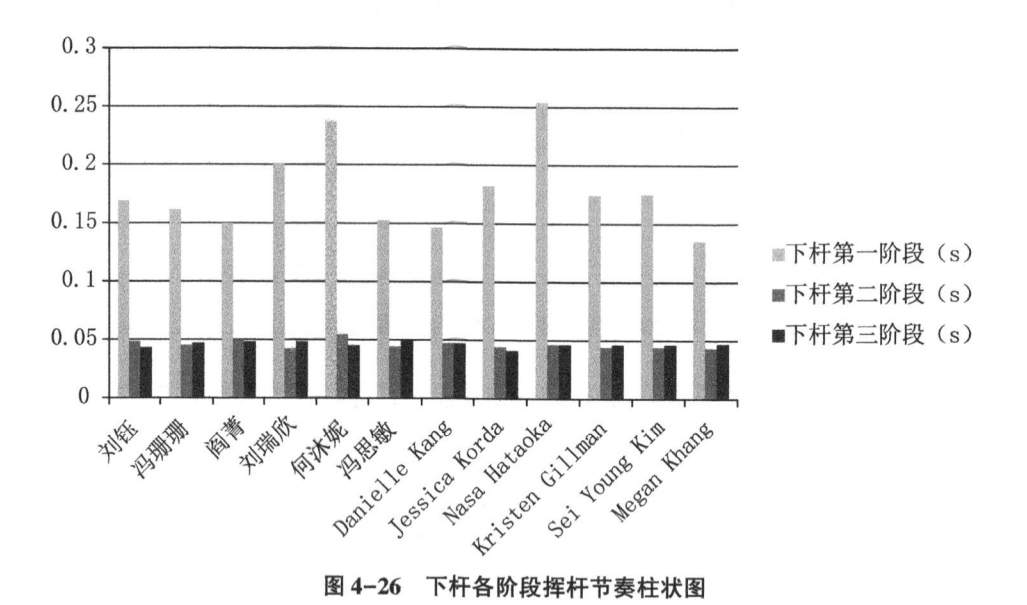

图 4-26 下杆各阶段挥杆节奏柱状图

各个球员在下杆第二阶段与下杆第三阶段用时相近，我们可以理解为，挥杆轨迹相近的情况下，球员在下杆第二阶段与下杆第三阶段的杆头速度是相近的，或保持不变。也就是说，球员在下杆十二点钟时的杆头速度与击球时的杆头速度几乎相等，这将对球员改进挥杆技术动作，提高全挥杆过程中的杆头速度具有重要意义。

下杆阶段球杆与手臂的夹角为球杆与球员左小臂之间的夹角，这将有利于分析球员在下杆过程中的挥杆半径及相关技术动作特点。如图 4-27 所示，球员在下杆第一阶段时，球杆与手臂夹角角度变化不大，甚至像冯思敏、Jessica Korda 等球员球杆与手臂夹角角度仍然有变小的趋势，这是因为球员在从上杆顶点反向加速的过程中，小臂发力带动球杆做反向加速运动，因为手腕关节的柔韧性限制，球杆与小臂的夹角保持在一定角度，而腕关节柔韧性较好的球员会进一步缩

第四章 中国优秀女子高尔夫球选手与世界其他国家优秀选手技术对比分析

小球杆与小臂的夹角,从而在下杆过程中形成更大的爆发力,这将提高球杆在下杆初期的加速运动。

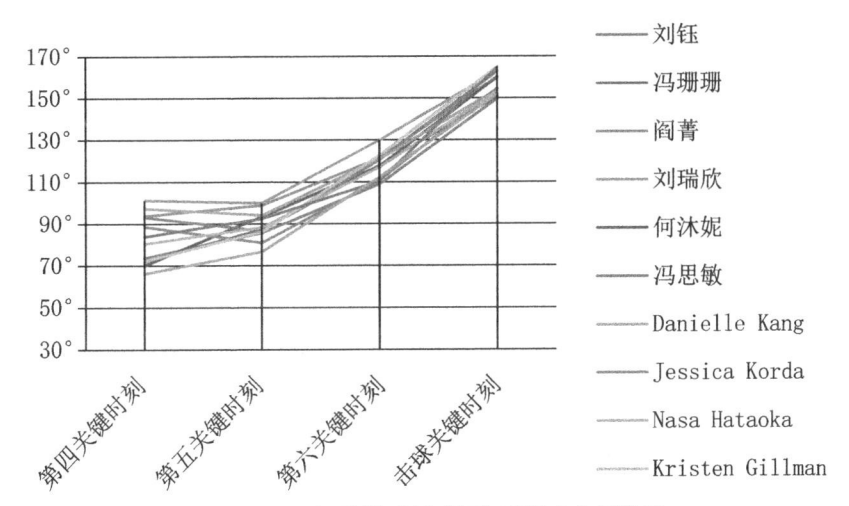

图 4-27 下杆关键时刻球杆与手臂夹角折线图

而在下杆第二阶段与下杆第三阶段,球杆与手臂夹角则呈不断变大趋势,且变化角度较大。这也是许多教练员所讲的释放过程,整个上杆缓慢的压缩角度正是为下杆释放过程做准备,球员的杆头速度将在这个过程中发生量的跨越式变化;球员的手臂与球杆同时做加速运动,但手腕的角度发生改变,使得杆头速度的加速过程要远大于球员腕部的加速度,这也是球员在上杆顶点时,球杆与手臂夹角越小,越有利于球杆在下杆过程中加速的真正意义。

下杆阶段的肩和髋部旋转角度,仍然是相对于准备姿势时的旋转角度。本研究将准备姿势时的肩和髋部旋转角度视为 0°。

由图 4-28 可知,球员在整个下杆过程中肩部的旋转角度与上杆阶段的肩部旋转角度方向相反,肩部旋转角度随下杆不断变小,到达 0° 时继续做旋转动作,但球员在下杆不同阶段肩部的旋转幅度是不同的。

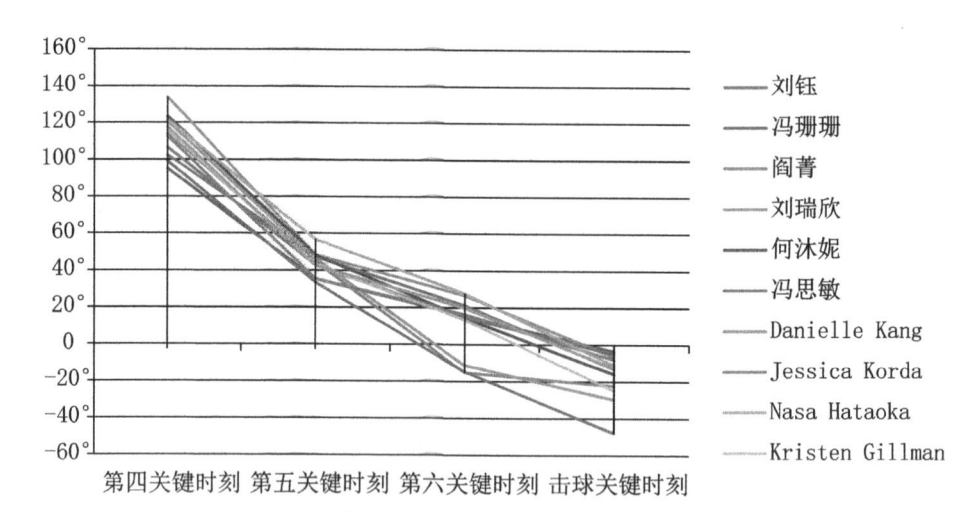

图 4-28 球员下杆阶段各关键时刻肩部角度折线图

由图 4-29 可知，球员在击球瞬间，肩部的旋转角度相对于准备姿势均处于开放状态。多数球员在下杆九点钟时肩部旋转角度为正值，即在下杆第二阶段结束时，肩部仍然保持关闭状态，而像阎菁、Danielle Kang 和 Sei Young Kim 3 名球员在下杆第二阶段结束时，肩膀的旋转角度变为负值。也就是说，这 3 名球员在下杆九点钟时，球员的肩膀已经处于开放状态。

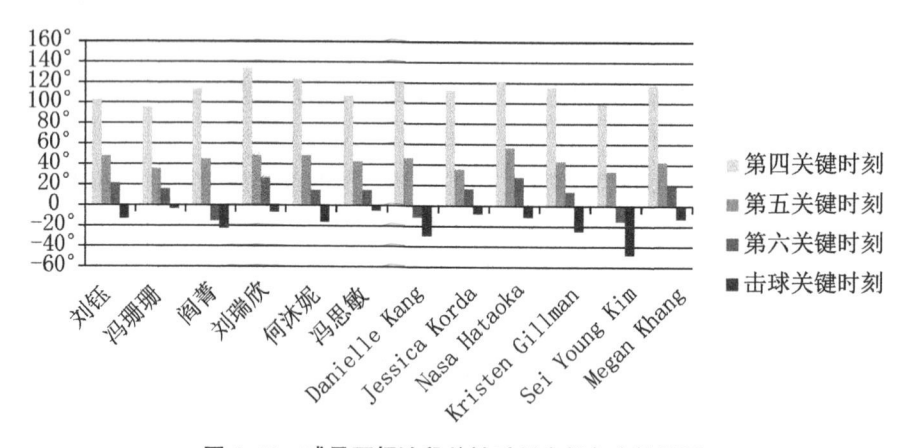

图 4-29 球员下杆阶段关键时刻肩部角度柱状图

如图 4-30 所示，大部分球员在下杆第一阶段时肩部旋转角度较大，而相对于第二与第三阶段肩部旋转角度较小，当球员从上杆顶点开始做反向的加速运动，因为在下杆第一阶段球杆与手臂之间的夹角没有完全释放，相对而言，肩部

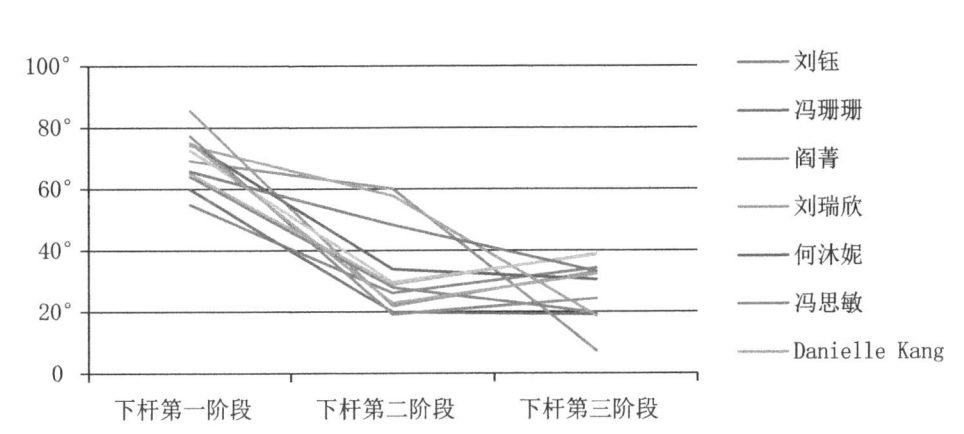

会有更多的时间去做旋转动作,以带动手臂和球杆做加速运动。

图 4-30　下杆各阶段肩部旋转角度变化折线图

如图 4-31 所示,Sei Young Kim 在整个下杆过程中的各个阶段肩部的变化角度较为均匀。阎菁与 Danielle Kang 在下杆前两个阶段时角度变化较大,但在下杆第三阶段角度变化较小,阎菁在下杆第三阶段肩膀转动幅度只有 7.2°,Danielle Kang 下杆第三阶段肩膀转动幅度为 18.5°,这样一个让肩膀提前保持开放的姿势,可以让球员在下杆第三阶段肩部的旋转角度稍微变小,从而减小球员在下杆第三阶段身体的运动幅度,保持球员在击球前身体的相对稳定性,有利于杆头在击球瞬间更加稳定的触球。

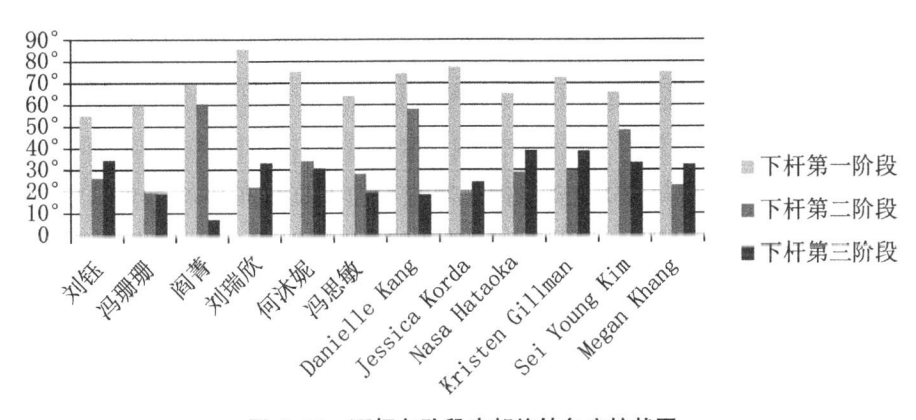

图 4-31　下杆各阶段肩部旋转角度柱状图

在整个下杆过程中,髋部首先做反向运动,以下为下杆各阶段髋部旋转角度图(图 4-32 和图 4-33)。

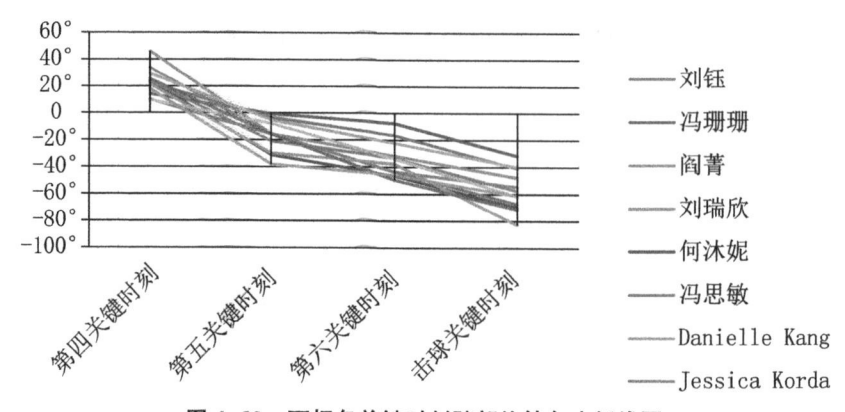

图 4-32　下杆各关键时刻髋部旋转角度折线图

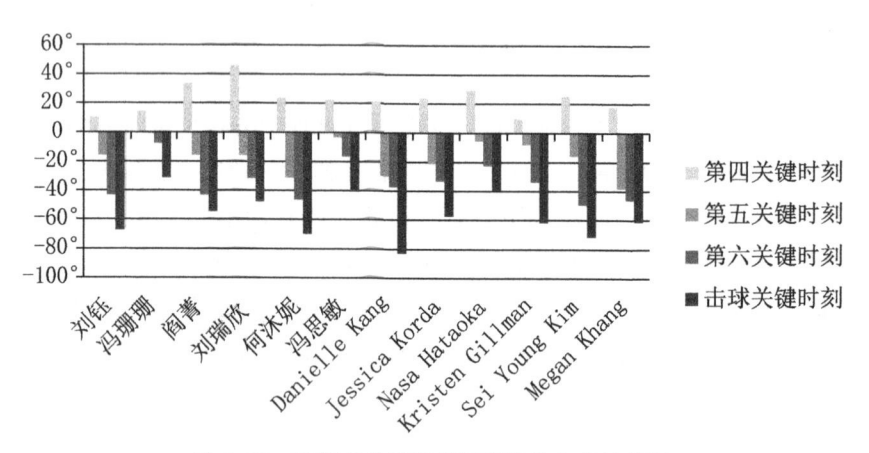

图 4-33　下杆各关键时刻髋部旋转角度柱状图

由图 4-32 和图 4-33 可知，球员在下杆阶段，髋部旋转角度为先变小后变大，髋部在下杆第一阶段时完成髋部回旋并紧接着进行送杆方向转动，球员在下杆十二点钟之后和击球瞬间之前的挥杆阶段，髋部旋转角度均为负值（表 4-40）。也就是说，相对于准备姿势时的髋部位置，球员在下杆十二点钟之后髋部处于相对开放状态，这样一种髋部开放的姿态，可保持上半身的拧紧状态，增大肩部的加速运动，更有利于下杆过程中力量爆发，从而产生更大的杆头速度。

表 4-40　下杆阶段髋部旋转角度变化平均值

	下杆第一阶段	下杆第二阶段	下杆第三阶段
国内球员均值 ($\bar{x}\pm SD$)	38.6°±17.3°	17.7°±7.6°	20.5°±5.1°

续表

	下杆第一阶段	下杆第二阶段	下杆第三阶段
外国球员均值 ($\bar{x}\pm SD$)	40.8°±12.4°	17.4°±9.5°	25.4°±9.9°

如图 4-34 所示，在下杆第一阶段球员髋部的旋转角度最大，刘瑞欣在第一阶段髋部旋转角度达到 61.6°。而刘钰、冯珊珊和 Kristen Gillman 在下杆第一阶段髋部旋转角度较小，3 人在下杆第一阶段髋部角度变化值分别为 25.8°、14.8° 和 17.5°。刘钰和冯珊珊在下杆第一阶段髋部的旋转角度远小于国内球员在下杆第一阶段髋部旋转角度的均值 38.6°±17.3°；Kristen Gillman 在下杆第一阶段髋部的旋转角度也远小于外国球员在下杆第一阶段髋部旋转角度的均值 40.8°±12.4°。髋部在下杆过程中旋转角度较小，不利于上半身的发力，从而会降低挥杆速度。

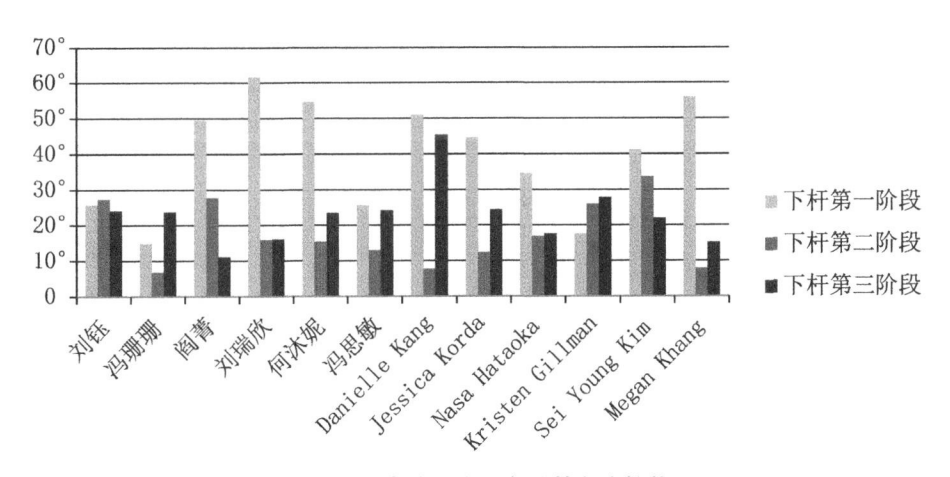

图 4-34 下杆各阶段髋部旋转角度柱状图

由图 4-35 可以看出，球员在下杆各阶段髋部的旋转角度变化规律。大多数球员在下杆第一阶段时髋部旋转角度较大，在下杆第二阶段与下杆第三阶段时，下杆第二阶段髋部旋转角度相对于下杆第三阶段较小。个别球员会有自己的挥杆节奏和带有个性的挥杆技术特点，刘钰和 Sei Young Kim 在下杆 3 个阶段髋部转动角度较为均匀，这样可能会出现下杆髋部发力不足的现象，从而影响杆头速度。Danielle Kang 在下杆第一阶段和下杆第三阶段髋部转动角度较大，分别为 51.0°和 45.4°，而在下杆第二阶段髋部转动角度只有 7.7°。在下杆第三阶段也就是击球前一阶段髋部转动角度较大，可能会影响击球过程中髋部的稳定性，从而

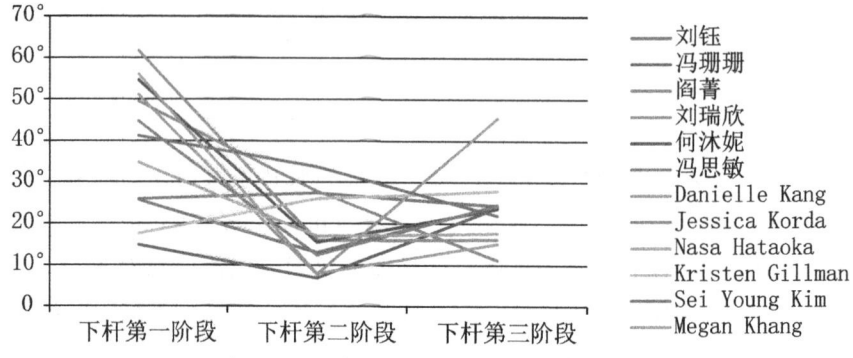

影响整个击球动作的稳定性，对最终的击球效果产生不利影响。

图 4-35 下杆各阶段髋部旋转角度折线图

由图 4-36 和图 4-37 可知，球员在下杆阶段，肩部旋转角度变化趋势大致相同。因为肩和髋部相对旋转角度柱状图只体现肩部和髋部之间的相对旋转角度，而不体现肩部旋转方向，所以在肩和髋部相对旋转角度分析中不会出现负值。

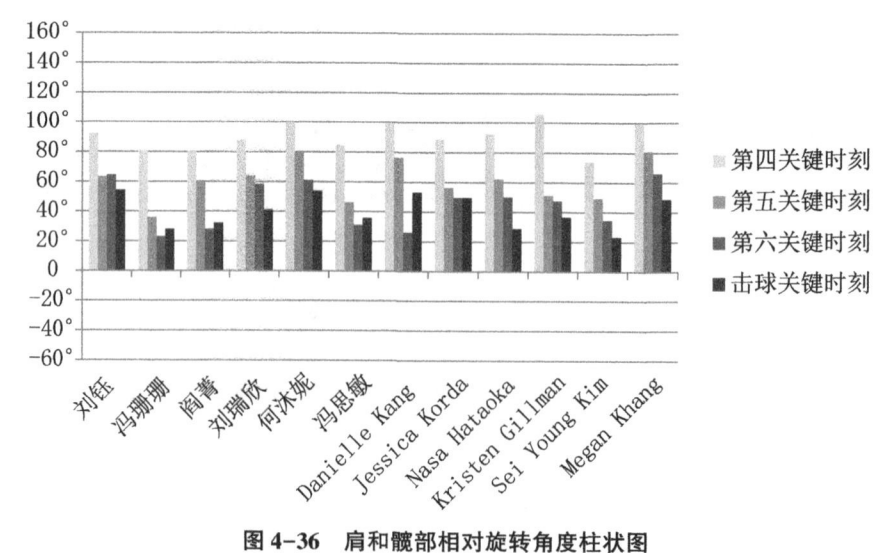

图 4-36 肩和髋部相对旋转角度柱状图

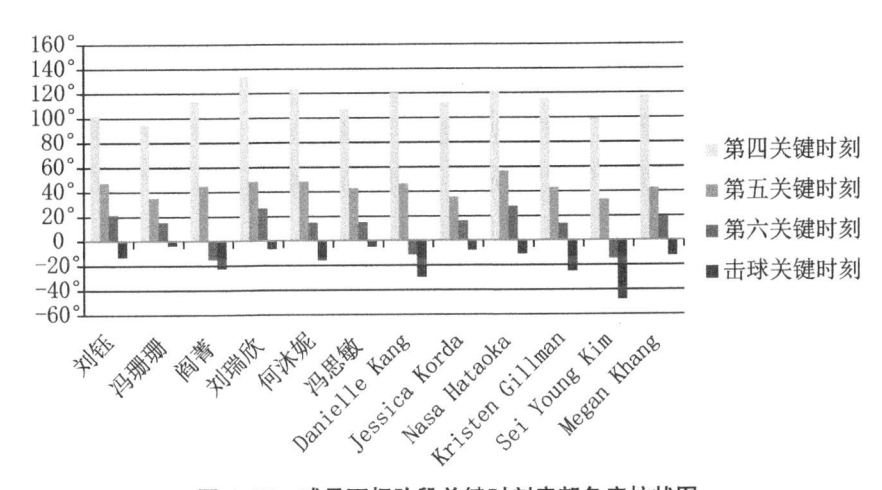

第四章 中国优秀女子高尔夫球选手与世界其他国家优秀选手技术对比分析

图 4-37 球员下杆阶段关键时刻肩部角度柱状图

由图 4-38 可知，肩和髋部相对旋转角度远小于肩部的旋转角度，但在下杆十二点钟之后，肩和髋相对旋转角度大于肩部旋转角度。这说明在下杆第一阶段与下杆后两个阶段相比，下杆第二阶段与下杆第三阶段的髋肩分离技术动作更加明显，髋部旋转带动肩部旋转，使球员上肢扭紧，在下杆过程中加上肩部力量与手臂力量的释放，将有利于在下杆过程中挥杆速度的提升，使球员击出更远距离的球。

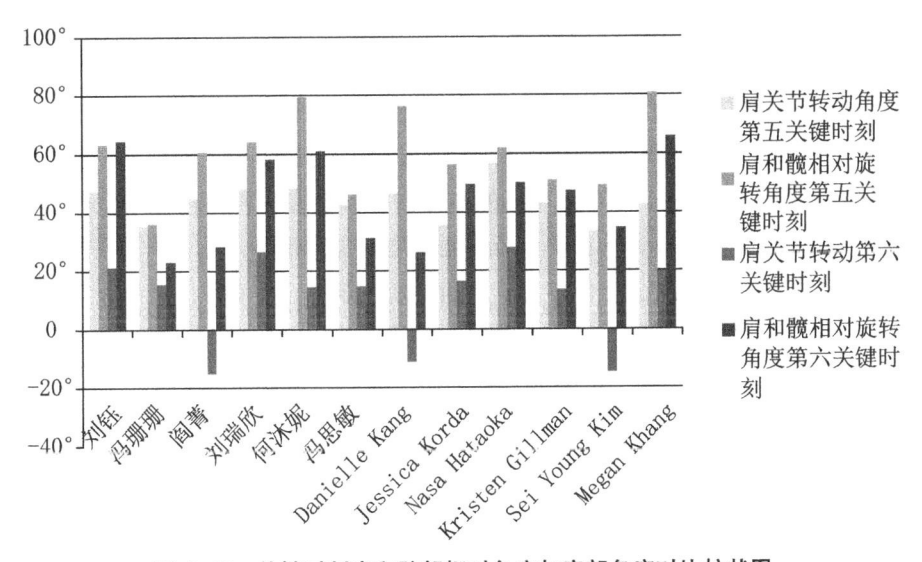

图 4-38 关键时刻肩和髋部相对角度与肩部角度对比柱状图

由图 4-39 可知，多数球员在下杆阶段，肩和髋相对旋转角度随着下杆，角度逐渐变小，因为髋关节启动下杆，髋部转动到一定角度时，受关节和球员柔韧性限制，达到一个旋转峰值，随着肩膀旋转，髋部才可以做进一步旋转，但因为肩部旋转速度要比髋部旋转速度快得多，因此，肩和髋相对旋转角度在下杆过程中逐渐减小。

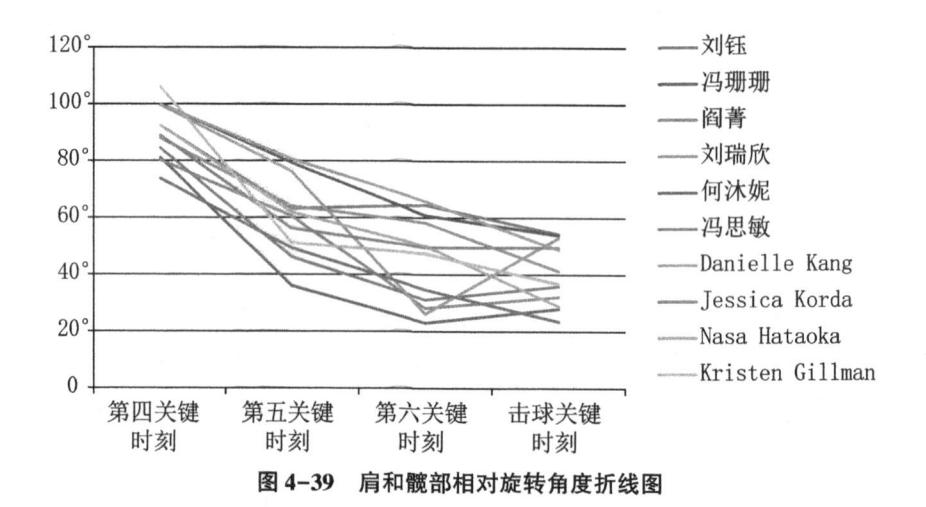

图 4-39　肩和髋部相对旋转角度折线图

美国球员 Danielle Kang 在下杆九点钟时肩和髋相对旋转角度较小，为 26.1°，但在击球瞬间肩和髋相对旋转角度为 53.0°，又进一步变大。球员冯珊珊、阎菁和冯思敏，也有相似的变化趋势，但不太明显。球员在下杆第三阶段时，肩和髋仍然有较大的相对旋转角度，说明球员在下杆释放过程中，没有完全释放，这将降低球员的杆头速度，从而降低球速，最终导致击球距离不够远。

由图 4-40 和图 4-41 可知，球员的左、右膝关节在下杆阶段角度变化趋势是不同的。在下杆阶段，球员的左膝关节角度呈稳定变大趋势，且下杆第一阶段与下杆第二阶段角度变化较大，下杆第三阶段角度变化较小；而右膝关节在下杆第一阶段角度会大幅度减小，在随后的两个阶段，右膝关节角度又会出现变大的趋势。

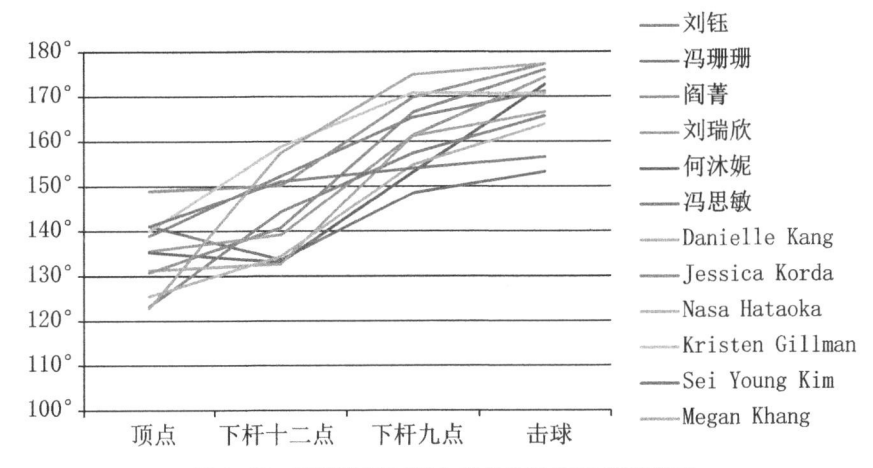

第四章 中国优秀女子高尔夫球选手与世界其他国家优秀选手技术对比分析

图4-40 下杆关键时刻左膝关节角度变化折线图

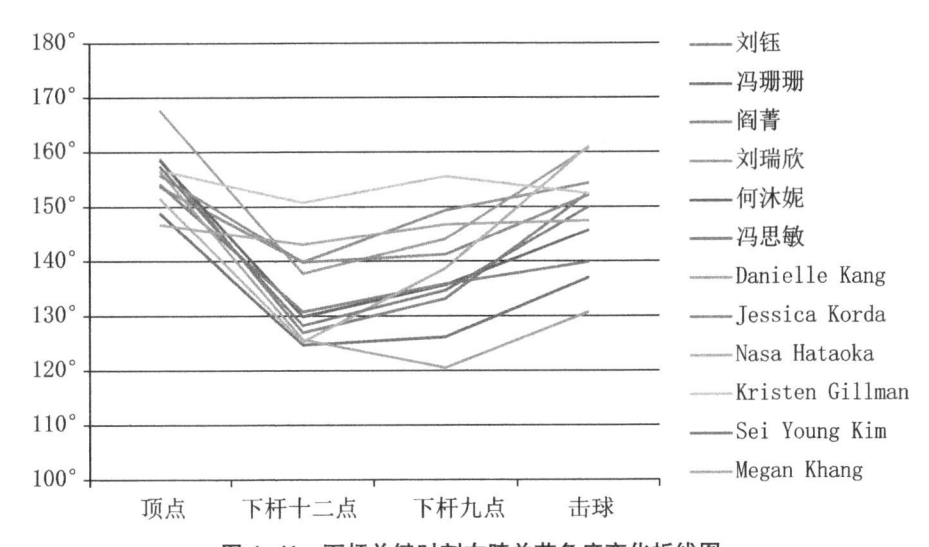

图4-41 下杆关键时刻右膝关节角度变化折线图

球员在下杆阶段，身体重心要完成由右侧向左侧转移，下杆初期，右腿承受大部分的力量，为了使髋关节更好地完成蹬转动作，右膝会向左膝方向靠拢以完成重心的转移，随后右腿蹬地发力，使右髋关节加速向左前方摆动，从而带动上半身转动，所以右膝关节角度会出现先变小后变大的趋势。而左膝关节在下杆阶段主要起支撑和保持身体稳定作用，为保证挥杆动作稳定进行，左膝关节角度不会出现大幅度变化，在下杆第三阶段角度变化会更小一些。

由图4-41可以看出，Sei Young Kim在下杆第二阶段与下杆第三阶段左膝关

· 147 ·

节角度变化较小，可能是因为在下杆阶段左膝关节没有很好地跟随右膝关节完成蹬地动作，从而限制力量释放。而 Kristen Gillman 右膝关节角度在下杆阶段变化较小，有可能是球员在下杆阶段右腿没有积蓄太多的力量，导致在蹬地发力阶段没有过多力量释放。左右膝关节角度不能很好地完成蹬地动作，会对挥杆速度及出球角度产生直接影响。

由图 4-42 可知，在击球瞬间时，球员的左膝关节角度会略大于右膝关节角度，这样的姿势会使球员左侧髋关节略高于右侧髋关节，这也匹配准备姿势时身体上半身略微右倾导致的左侧髋关节略高的姿势，这可以让球员在击球时使球员的杆面略微上扬，大大增高了球员击球的容错率，同时还增大了球的出球角度，使球产生更多的倒旋。

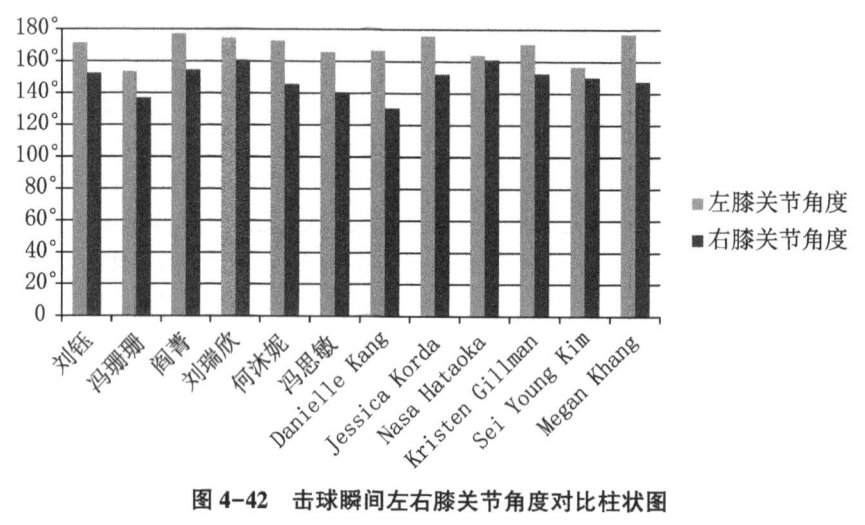

图 4-42 击球瞬间左右膝关节角度对比柱状图

四、全挥杆技术动作分析

使用一号木杆开球时，想要球飞得更远，关键是产生尽可能大的挥杆速度，并将尽可能多的能量转移至高尔夫球，教练员通常用"击球效率"来衡量挥杆速度与出球速度之间的相互关系。图 4-43 为挥杆速度与出球速度对比柱状图。

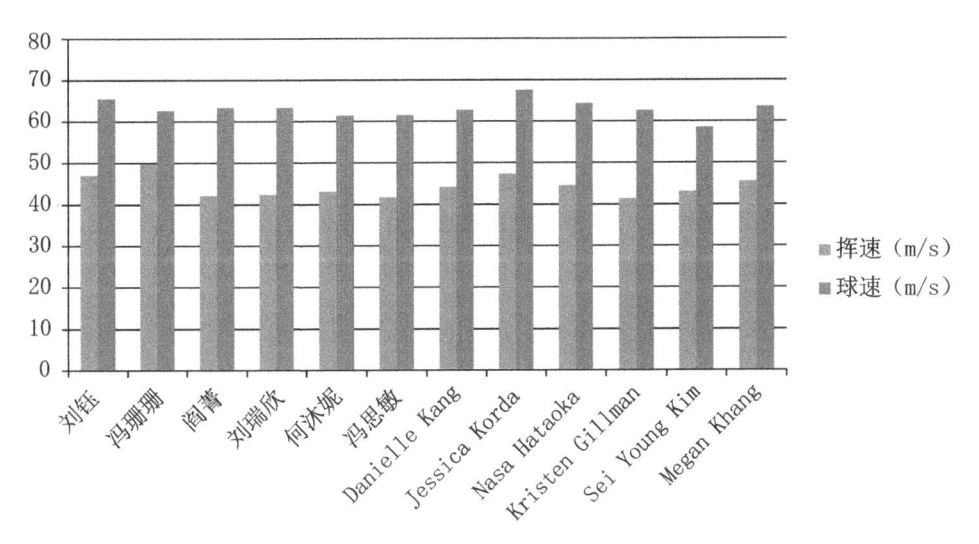

第四章　中国优秀女子高尔夫球选手与世界其他国家优秀选手技术对比分析

图4-43　挥杆速度与球速对比柱状图

由图4-43可知，球员的出球速度均大于挥杆速度，也就是说以上球员的击球效率均大于1。挥杆速度与击球效率会对击球距离产生直接影响，当挥杆速度一定时，击球效率越高，则从杆头作用到球上的能量就越多，球会获得更大的加速度，从而产生更远的飞行距离。

职业球员击球效率较高，阎菁和刘瑞欣击球效率达到"最佳击球效率"，即球的初始速度是杆头速度的1.5倍。冯珊珊击球效率只有1.26，球员的击球效率高低可能与挥杆平面、技术动作特点以及击球位置有一定关系。

由表4-41可知，国内球员平均挥杆速度为（44.33±3.01）m/s，外国球员平均挥杆速度为（44.29±1.83）m/s。国内球员平均出球速度为（62.87±1.37）m/s，外国球员平均出球速度为（63.11±2.65）m/s。由表4-42可知，国内球员平均飞行距离为（242.9±7.3）码，外国球员平均飞行距离为（249.8±6.3）码。

表4-41　球员挥杆速度与出球速度统计

	挥杆速度（m/s）	出球速度（m/s）	击球效率
国内球员	44.33±3.01	62.87±1.37	1.42±0.08
外国球员	44.29±1.83	63.11±2.65	1.43±0.05

国内球员与外国球员在挥杆速度上无明显差异，但国内球员出球速度略小于外国球员，国内球员击球效率低于外国球员这可能是导致国内球员击球后球的飞

行距离要小于外国球员的原因。

由表 4-42 可知，球的停点距离与飞行距离之间还有一段距离，称为滚动距离。球的停点距离即为球从初始位置到最终停止的总距离，其中包括球的飞行距离和滚动距离。飞行距离一般与球员的挥杆速度与击球效率有关：在挥杆速度一定的情况下，击球效率越高，球的飞行距离越远；而在击球效率一定的情况下，挥杆速度越高，球的飞行距离越远。

表 4-42　球飞行距离及停点距离统计

	飞行距离（码）	停点距离（码）
国内球员	242.9±7.3	254.7±7.0
外国球员	249.8±6.3	263.0±6.7

相对而言，滚动距离的影响因素较多。从球的因素考虑，球的滚动距离可能与球的倒旋及球的材质有关。从运动器械因素考虑，它可能与球杆的杆面倾角有关。从外界因素考虑，可能影响球的滚动距离的因素有草的种类及长度、落点的坡度、空气的湿度等其他不可控因素。

关于球的起飞角度与滚动距离的相关性分析，由表 4-43 可知，球的起飞角度与球落地后的滚动距离相关系数为 0.433（$p=0.160>0.05$），但这并不能表明球的起飞角度与滚动距离之间没有相关性，可能是样本量较少或是受其他更显著因素影响的原因。在本研究中，未发现球的起飞角度与滚动距离具有显著相关性。

表 4-43　球的起飞角度与滚动距离相关性分析

		滚动距离
	样本量	12
起飞角度	Pearson 相关性	0.433
	显著性（双侧）	0.160

由表 4-44 可知，挥杆速度与出球速度相关系数为 0.470（$p=0.123>0.05$），未发现挥杆速度与出球速度之间具有显著相关性。挥杆速度与出球速度可能与击球位置有关或受其他更显著因素的影响。

表 4-44　挥杆速度与出球速度相关性分析

		球速
挥速	样本量	12
	Pearson 相关性	0.470
	显著性（双侧）	0.123

此外，本次研究还做了球速及起飞角度与飞行距离之间的关系，如表4-45所示。

表 4-45　球速、起飞角度与飞行距离相关性分析

		球速	起飞角度
飞行距离	样本量	12	
	Pearson 相关性	0.135	0.274
	显著性（双侧）	0.677	0.389

由表4-45可知，在本次研究中，未发现飞行距离与球速和起飞角度之间具有显著相关性（$p=0.389>0.05$）。

通过分析全挥杆各个阶段的时间特征，了解球员的整体挥杆节奏，挥杆节奏的好坏会直接影响击球效果。

如图4-44和图4-45所示，总体来讲，国内外球员的挥杆节奏大致相同。球员在下杆各阶段的用时都要明显小于上杆阶段，且在上杆第一阶段用时最长。在全挥杆各个阶段，球员的挥杆速度是不同的，上杆第二阶段节奏明显快于上杆第一阶段与上杆第三阶段，在下杆过程中，下杆第一阶段用时较长，下杆第二阶段与下杆第三阶段用时相近。

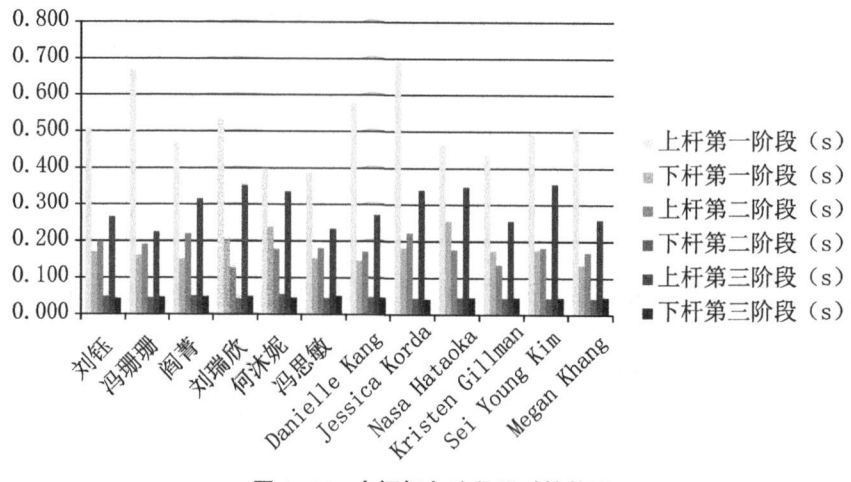

国际优秀女子高尔夫球员大数据分析与挥杆动作研究

图 4-44 全挥杆各阶段用时柱状图

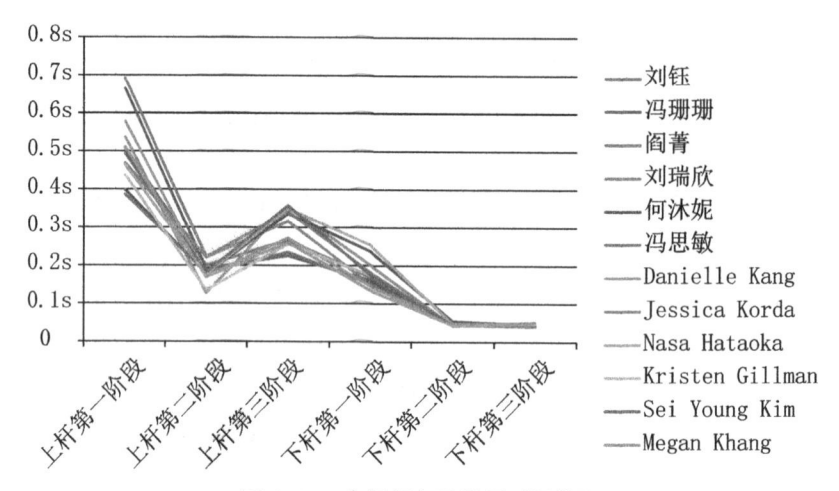

图 4-45 全挥杆各阶段用时折线图

国内外球员的挥杆节奏在细节上还是有所差距。由表 4-46 可知，国内球员平均上杆时间为（0.963±0.089）s，外国球员平均上杆时间为（1.009±0.128）s，国内球员平均上杆时间略小于外国球员的平均上杆时间。而国内球员的平均下杆时间为（0.272±0.268）s，外国球员的平均下杆时间为（0.268±0.038）s，国内球员平均下杆时间略大于外国球员的平均上杆时间。这可以说明，国内球员的平均下杆速度略小于外国球员，这可能也是国内球员开球距离较外国球员近的原因之一。从全挥杆用时角度分析，国内球员全挥杆平均用时为（1.235±0.092）s，外国球员全挥杆平均用时为（1.277±0.135）s，与外国球员相比，国内球员的挥杆节奏比较紧凑。国内球员的上下杆时间比为3.588±0.517，外国球员的上下杆时间比为3.836±0.649。Koichiro在对上杆阶段和下杆阶段的用时比例的研究中发现，出色的高尔夫球员的上下杆阶段用时比例为80/20。由此可见，我国优秀的高尔夫球员的挥杆节奏较世界顶级球员之间具有一定的差距。

表4-46 球员全挥杆各阶段平均用时统计

	上杆阶段用时（s）	下杆阶段用时（s）	全挥杆用时（s）	上下杆时间比
国内球员	0.963±0.089	0.272±0.268	1.235±0.092	3.588±0.517
外国球员	1.009±0.128	0.268±0.038	1.277±0.135	3.836±0.649

对于一号木全挥杆过程中重心位置分析，在高尔夫一号木全挥杆技术环节中掌握好挥杆节奏、身体的动态平衡、击球的释放用力是完成一号木全挥杆技术的关键。球员在一号木全挥杆过程中控制好身体重心在一定范围内移动是维持身体动态平衡的关键。由于性别、年龄、体型不同，人体重心位置略有不同，上下肢的长短、身体的胖瘦都会影响重心的位置。

全挥杆过程中球员 Z 轴（垂直与水平面）上重心位置分析。由图4-46可知，球员在准备姿势时，中心在垂直轴上的高度集中在0.8~1.05 m，且中心位置高低各不相同，产生这种差异可能与球员的身高、体型和体态等因素有关。

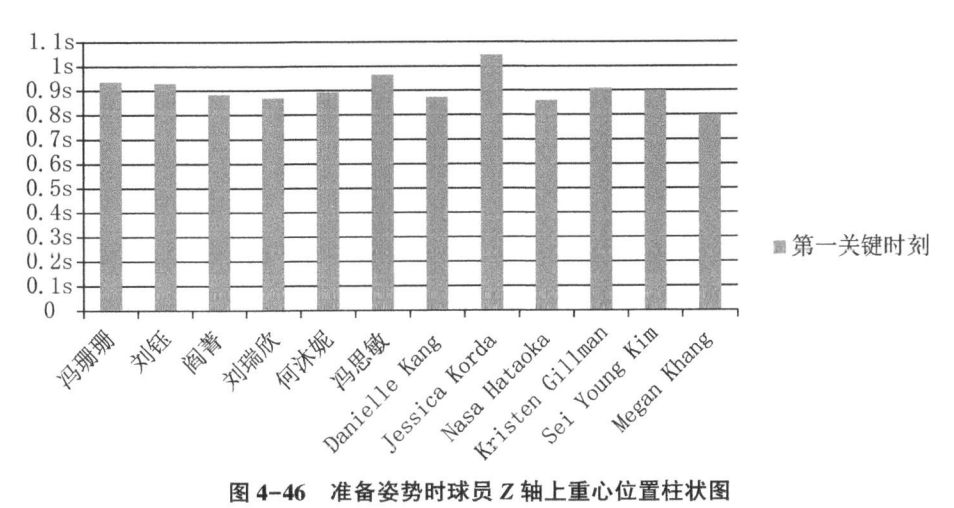

图4-46 准备姿势时球员 Z 轴上重心位置柱状图

由表4-47可知，准备姿势球员垂直轴上重心位置与球员身高具有显著正相关性。即球员身高越高，重心在垂直轴上的位置会相应高一些；反之，球员身高越矮，重心在垂直轴上的位置会相应低一些。

表 4-47　准备姿势球员垂直轴上重心位置与球员身高相关性分析

		球员身高
准备姿势球员垂直轴上重心位置	样本量	12
	Pearson 相关性	0.883*
	显著性（双侧）	0.000

注：*表示在 0.05 水平（双侧）上呈显著相关。

通过分析球员在全挥杆过程中重心在垂直轴上的位置变化，了解球员在全挥杆过程中的身体起伏情况，以判断球员在全挥杆过程中的身体稳定性。

由图 4-47 可知，全挥杆过程中球员重心上下均有起伏，但起伏程度不同。部分球员在上杆顶点与送杆三点钟时相对于准备姿势时身体重心上下起伏较大。在上杆顶点，阎菁重心上升了 0.075m，冯思敏重心提高了 0.0752m。在送杆三点钟，何沐妮、冯思敏和 Nasa Hataoka 重心相对于准备姿势分别提高了 0.076m、0.076m 和 0.081m，重心起伏较大。

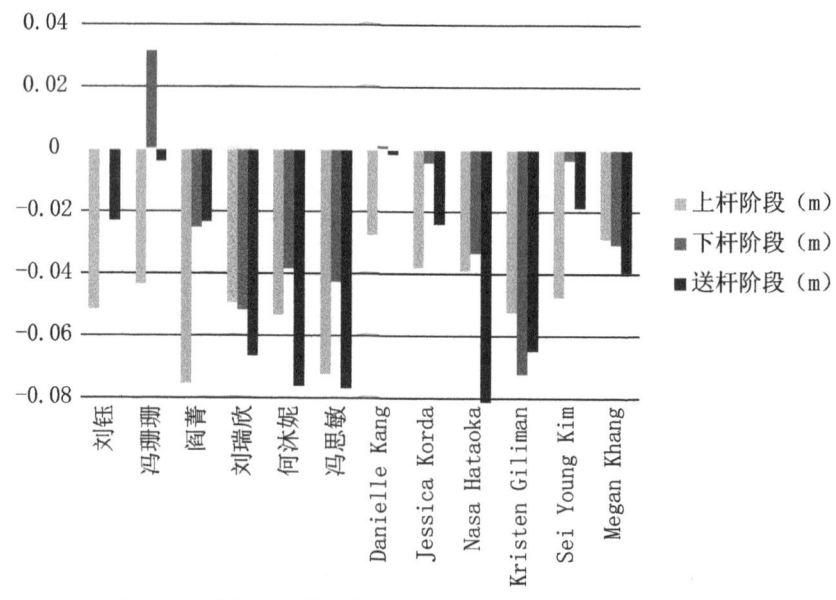

图 4-47　球员在 Z 轴上相对于准备姿势的重心位置变化柱状图

球员在垂直轴上击球瞬间相对于准备姿势和上杆顶点的重心位置变化均不相

同,冯珊珊、刘钰、Danielle Kang、Jessica Korda、Sei Young Kim击球瞬间相对于准备姿势时重心移动较少,但相对于上杆顶点重心移动较大。

由表4-48可知,所有球员在全挥杆过程中Z轴上的重心位置均低于准备姿势时重心位置,且国内球员在上杆顶点时重心下移较外国球员大,外国球员在全挥杆整个过程中的上杆顶点、击球瞬间和送杆三点钟与准备姿势的重心移动量分别为(-0.039±0.010)m、(-0.024±0.028)m和(-0.038±0.030)m,重心位置比国内球员变化更小,与国内球员相比,外国球员的挥杆更加稳定。

表4-48 国内球员与外国球员在Z轴上重心位置对比

	上杆顶点(m)	击球瞬间(m)	送杆三点钟(m)
国内球员 ($\bar{x}$±SD)	-0.058±0.013	-0.021±0.031	-0.045±0.032
外国球员 ($\bar{x}$±SD)	-0.039±0.010	-0.024±0.028	-0.038±0.030

注:正负值代表方向,正值为垂直于水平面向上,负值为垂直于水平面向下。

全挥杆过程中球员Y轴(平行于球员双脚连线方向)上重心位置分析。通过分析球员在全挥杆过程中重心在Y轴上的位置变化,了解球员在全挥杆过程中的身体在Y轴上的移动幅度,进而分析球员在全挥杆过程中的重心转换特点,以判断球员在全挥杆过程中的身体平衡及释放用力。

由图4-48可知,球员在上杆顶点时相对于准备姿势,重心均会向出球方向的反方向移动,由于向后引杆时肩部与髋部均向后旋转导致重心向后侧转移。击球瞬间,重心位置相对于准备姿势时重心位置向出球方向移动,这个过程中的重心转移有利于在下杆过程中的力量释放,并维持身体平衡。在送杆三点钟重心保持在相对于准备姿势靠前的位置,有利于维持击球后身体平衡。

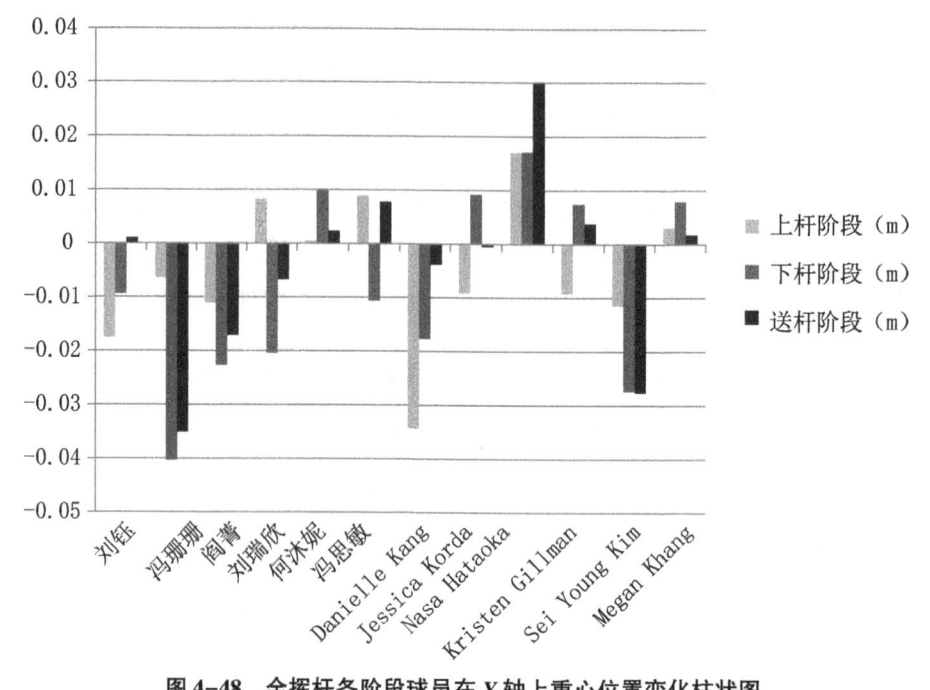

图 4-48　全挥杆各阶段球员在 Y 轴上重心位置变化柱状图

由表 4-49 可知，国内球员在上杆顶点、击球瞬间和送杆三点钟的重心转移幅度为（-0.043±0.022）m、（0.036±0.036）m 和（0.043±0.022）m。相对于外国球员，重心在 Y 轴的转移幅度较小。全挥杆过程中，身体跟随球杆运动方向做相应小幅度摆动，有利于上杆时力量积蓄和下杆过程中力量释放。

表 4-49　国内球员与外国球员在 Y 轴上重心位置对比

	上杆顶点（m）	击球瞬间（m）	送杆三点钟（m）
国内球员 ($\bar{x}$±SD)	-0.043±0.022	0.036±0.036	0.043±0.022
外国球员 ($\bar{x}$±SD)	-0.058±0.027	0.043±0.032	0.058±0.027

注：正负值代表方向，正值为平行于球员双脚连线方向向出球方向，负值为平行于球员双脚连线方向与出球方向相反。

由图 4-49 可知，球员在全挥杆过程中，重心在 X 轴上的移动幅度比在 Y 轴与 Z 轴上均小。

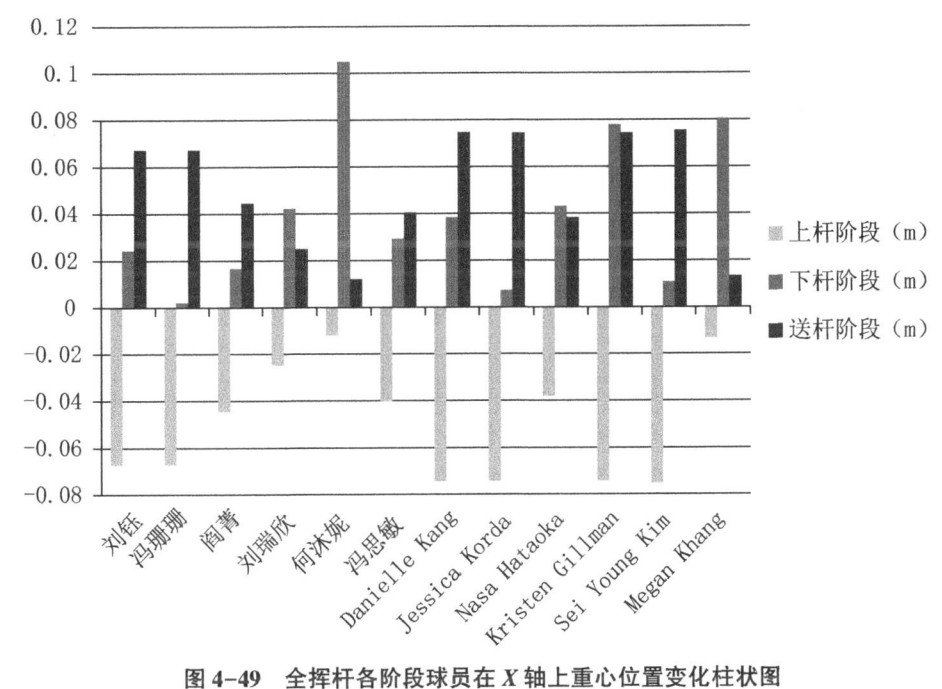

图 4-49　全挥杆各阶段球员在 X 轴上重心位置变化柱状图

由表 4-50 可知，外国球员在整个挥杆过程中，重心在 X 轴上的移动较小，特别是在击球瞬间，在 X 轴方向上移动（-0.001±0.018）m；国内球员在击球瞬间中心向球员背对方向移动距离为（-0.016±0.017）m，这可能会对球员在挥杆过程中的身体平衡产生影响，不利于全挥杆击球的稳定性。

表 4-50　国内球员与外国球员在 X 轴上重心位置对比

	上杆顶点（m）	击球瞬间（m）	送杆三点钟（m）
国内球员（$\bar{x}$±SD）	-0.003±0.011	-0.016±0.017	-0.008±0.016
外国球员（$\bar{x}$±SD）	-0.007±0.017	-0.001±0.018	0.001±0.020

注：正负值代表方向，正值为垂直于球员双脚连线方向指向球员面对方向，负值为垂直于球员双脚连线方向指向球员背对方向（以右利手球员为例）。

球员的一号木全挥杆技术动作各具特点，不同球员之间的站位宽度、肩髋旋转角度及挥杆节奏各不相同，没有两个球员之间的技术动作是完全一样的。但挥杆节奏、身体平衡和击球的释放用力仍是每个球员完成一号木全挥杆技术的关键。

准备姿势时，国内优秀女子高尔夫球员站位宽度比约为 1.19 ± 0.05。球杆握把放置在髋部中间位置或髋部左边位置，不同的放置位置适应球员自身的上杆特点。

上杆过程中，国内优秀女子高尔夫球员的杆头速度是一个由慢到快再到慢的过程。球杆与手臂夹角不断变小，肩部和髋部向上杆方向发生转动，为下杆释放用力积蓄力量，左膝关节角度变小，右膝关节角度基本保持不变，有利于维持上杆过程中身体平衡。

在下杆过程中，国内优秀女子高尔夫球员的杆头先做加速运动，之后基本保持杆头速度不变，直至击球。球杆与手臂夹角不断变大，肩部和髋部向出球方向转动，释放力量，提高杆头速度，为获得更高的杆头速度奠定基础。左膝关节角度不断变大，右膝关节角度先变小后变大，一方面能够维持在挥杆过程中的身体平衡，另一方面可以提高髋部转动速度，从而更好地实现力量释放。

综上所述，我国优秀女子高尔夫球员与外国女子高尔夫球员一号木全挥杆技术动作差异包括以下几个方面。

(1) 我国优秀女子高尔夫球员的站位宽度比略小于外国女子高尔夫球员。

(2) 我国优秀女子高尔夫球员上杆节奏较快，下杆节奏较慢，整体挥杆节奏略快于外国球员。

(3) 我国优秀女子高尔夫球员在上杆顶点时肩和髋相对旋转角度小于外国球员。

(4) 我国优秀女子高尔夫球员重心在 Z 轴和 X 轴上的移动距离大于外国女子高尔夫球员，在 Y 轴上的移动距离小于外国女子高尔夫球员。

最后，我们来总结我国优秀女子高尔夫球员一号木全挥杆技术动作优势和不足。

(1) 较小的站位宽度比使我国优秀女子高尔夫球员一号木的挥杆过程更加稳定，更有利于挥杆过程中髋部的转动和力量的释放。我国优秀女子高尔夫球员较快的挥杆节奏，不利于球员对击球时机的把握。上杆顶点肩和髋相对旋转角度较小，会影响挥杆过程中力量的积蓄。我国优秀女子高尔夫球员在挥杆过程中重心起伏较大，不利于挥杆过程中身体的稳定。此外，我国优秀女子高尔夫球员的击球效率较低，是导致我国优秀女子高尔夫球员一号木杆击球距离较近的原因之一。

(2) 我国优秀女子高尔夫球员整体挥杆节奏较快。适当放慢挥杆节奏，保

第四章　中国优秀女子高尔夫球选手与世界其他国家优秀选手技术对比分析

证动作的规范性，将更有利于球员对球杆的控制，确保杆头在触球时保持方正，从而击出高质量的球。

（3）我国优秀女子高尔夫球员上杆顶点肩和髋相对旋转角度较小。球员可以通过 TPI 或常住等高尔夫体能训练来增强肩部和髋部关节的柔韧性，以达到增大上杆幅度的目的，从而为下杆积蓄更大的力量，击出更远距离的球（增大击球距离）。

（4）我国优秀女子高尔夫球员相对于外国球员在 Z 轴和 X 轴上的移动距离较大，而在 Y 轴上的移动距离较小。球员可通过加强下肢肌肉练习及背部肌肉练习，增强身体在挥杆过程中的稳定性。此外，球员可以有意识地增加下杆过程中髋部在 Y 轴上的移动距离，使髋部释放更大的力量。

参考文献

REFERENCES

[1] Isao Okuda, Phillip Gribble, Charles Armstrong. Trunk roation and weight transfer patterns between skilled and low skilled golfers [J]. Journal of Sports Science and Medicine, 2010, 9: 127-133.

[2] K. A. Ball, R. J. Best. Different centre of pressure patterns within the golf stroke II: Group-based analysis [J]. Journal of Sports Sciences, 2007, 25 (7): 771-779.

[3] K. A. Ball, R. J. Best. Different centre of pressure patterns within the golf stroke I: Cluster analysis [J]. Journal of Sports Sciences, 2007, 25 (7): 757-770.

[4] S. W. Barrentine, G. S. Fleisig, H. Johnson. Ground reaction forces and torques of professional and amateur golfers. In: Science and Golf II: Proceedings of World Scientific Congress of Golf [M]. Eds: Cochran A. J. and Farrally, M. R London: E & FN Spon, 1994: 33-39.

[5] Ronald Bulbulian, Kevin A. Ball, David R. Seaman. The short golf backswing: effects on performance and spinal health implications [J]. Journal of Manipulative and Physiological Therapeutics. 2001, 24 (9): 569-575.

[6] Cochran A. Stobbs J. The search for the perfect golf swing [M]. Grass Valley, CA: The Booklegger, 1968.

[7] David Gabriel, Kai-Nan An. Estimate of the Optimum Cutoff Frequency for the Butterworth Low-Pass DigitalFilter [J]. Journal of Applied Biomechanics, 1999, 15: 318-329.

[8] David W. Meister, Amy L. Ladd, Erin E. Butler, et al. Rotational Biomechanics of the Elite Golf Swing: Benchmarks for Amateurs [J]. Journal of Applied Biomechanics, 2011, 27: 242-251.

[9] Dong JunSung, Seung JunPark, So JungKim, et al. Effects of core and non-dominant arm strength training on drive distance in elite golfers [J]. Journal of Sport and Health Science, 2016, 5 (2): 219-225.

[10] A. J. Fradkin, C. A. Sherman, and C. F. Finch. How well does club head speed correlate with golf handicaps? [J]. Journal of Science and Medicine and Sport, 2004, 7 (4): 465-472.

[11] Frank W., Jobe, Jacquelin. Electromuographic shoulder activity in men and women professional golfers [J]. American Journal of Sports Medicine, 1989, 17 (6): 782-789.

[12] G. S. Gluck, J. A. Bendo, J. M. Spivak. The lumbar spine and low back pain in golf: a literature review of swing biomechanics and injury prevention [J]. The Spine Journal, 2008 (8): 778–788.

[13] E. J. Hegedus, K. W. Hardesty, K. L. Sunderland, et al. A randomized trial of traditional and golf-specific resistance training in amateur female golfers: Benefits beyond golf performance [J]. Physical Therapy in Sport, 2016, 22 (11): 41–53.

[14] M. Hirashima, K. Kudo, K. Watarai, et al. Control of 3D limb dynamics in unconstrained overarm throws of different speeds performed by skilled baseball players [J]. Journal of Neurophysiology, 1997 (1): 680–691.

[15] I. C. Kenny, E. S. Wallace, S. R. Otto. Influence of shaft length on golf driving performance [J]. Sports Biomechanics, 2008, 7 (3): 322–332.

[16] James Parker, M John Hellström. Charlotte Olsson. Differences in kinematics and driver performance in elite female and male golfers [EB/OL]. Sports Biomechanics, DOI: 10.1080/14763141.2019.1683221.

[17] Jiann-Jyh Wang, Pei-Feng Yang, Wei-Hua Ho, et al. Determine an effective golf swing by swing speed and impact precision tests [J]. Journal of Sport and Health Science, 2015, 4 (3): 244–249.

[18] Joseph Myers, Scott Lephart, Yung-shen Tsai, et al. The role of upper torso and pelvis rotation in driving performance during the golf swing [J]. Journal of Sports Sciences, 2008, 26 (2): 181–188.

[19] Kawashima K M T A. A Kinematic Analysis of Foot Force Exerted on the Soles During the Golf Swing among Skilled and Unskilled Golfers [Z] // Science and Golf Ⅲ: Proceedings of the World Scientific Congress of Golf. Champaign: Human Kinetics, 1998.

[20] Jin Hyun Kin, Joung Kyue Han, Doug Hyun Han. Training effects of Interactive Metronome on golf performance and brain activity in professional woman golf players [J]. Human Movement Science, 2018, 61 (7): 63.

[21] Koenig G T M A. The mechanics of the shoe ground interaction in golf: Science and Golf Ⅱ: Proceedings of the World Scientific Congress of the World Scientific Congress of Golf [Z]. London: 1994.

[22] Koichiro Fujimoto-Kanatani. Determining the essential elements of golf swing used by elite golfers [D]. Corvallis: Oregon State University, 1995.

[23] Leey J. Golfer [M]. Seoul: Hong Jin Process, 1999.

[24] Mc Laughlin, P. A., Best, R. J. 1994. Three-dimensional kinematic analysis of the golf swing [M] // Anonymous In, Cochran, A. J. and Farrally, F. R (eds.), Science and golf II: proceedings of the 1994 World Scientific Congress of Golf. London, E & FNSpon., 1994: 91–96.

[25] Mc Teigue M L S R. Spine and hip motion analysis during the golf swing [C]. London: E&FN Spon United Kingdom, 1994.

[26] Pelzd. Dave Pelz's Putting Bible [M]. New York: Simons Schuster, 2000.

[27] Moynes D R P J. Electromyography and motion analysis of the upper extremity in sports [J]. Phys. Ther. 1986, 66 (12): 1905-1911.

[28] Nesbit S M, Mcginnis R S. Kinetic constrained optimization of the golf swing hub path [J]. Journal of Sports Science and Medicine, 2014, 13 (4): 859.

[29] Robinson R L. A study of the correlation between swing characteristics and club head velocity [Z] //Science and Golf Ⅱ: Proceedings of the 1994 World Scientific Congress of Golf. United Kingdom.

[30] Steven M. Nesbit, Ryan S. McGinnis. Kinetic Constrained Optimization of the Golf Swing Hub Path [J]. Journal of Sports Science and Medicine, 2014, 13: 859-873.

[31] Tinmark F, Hellstrom J, Halvorsen K, et al. Elite golfers' kinematic sequence in full-swing and partial-swing shots [J]. Sport Biomech, 2010, 9: 236-244.

[32] Williams K. R, Naught P R. The mechanics of foot action during the golf swing and implications for shoe design [J]. Medicine and Science in Sports and Exercise. 2006: 247-255.

[33] 阿拉斯坦尔·考西仑. 追求完美的挥杆: 高尔夫球科学入门基础 [M]. 杨万荣, 袁运平, 译. 北京: 人民体育出版社, 2005.

[34] 曹振峰. 心理调节对高尔夫运动员成绩稳定发挥的作用研究 [J]. 当代体育科技, 2019, 9 (20): 29-30.

[35] 车丽萍. 记忆术——科学的记忆方法研究 [D]. 上海: 华东师范大学, 2004.

[36] 车旭升, 金春光. 高尔夫木杆挥杆技术动作的运动力学分析 [J]. 河北体育学院学报, 2012, 26 (04): 41-45.

[37] 陈俊材. 世界优秀高尔夫运动员的地区分布及年龄特点分析 [J]. 福建师大福清分校学报, 2017 (02): 57-62.

[38] 范旭东, 李霞. 不同强度心理压力下的适应性训练对高尔夫球手竞技水平影响的实证研究 [J]. 长江大学学报 (自然科学版), 2016, 13 (4): 73-76.

[39] 范越, 赵贻贤. 高尔夫击球的基本环节 [J]. 体育博览, 1995 (08).

[40] 辜德宏. 重点先行与难点突破: 中国竞技高尔夫跨越式发展的思路 [J]. 南京体育学院学报 (社会科学版), 2011 (02).

[41] 郝建英, 袁春华. 女子职业高尔夫选手开球动作技术分析: 以LPGA满贯得主冯珊珊、克里斯蒂·科尔、申智爱开球技术为例 [J]. 竞技体育, 2014 (95): 18-20.

[42] 何天易, 邓万金. 我国高尔夫球员竞技表现稳定性分析 [J]. 山东体育科技, 2018, 40 (01): 48-54.

[43] 黄武胜, 殷鹏. 世界优秀女子高尔夫运动员竞技技术的特征分析 [J]. 北京体育大学学

报，2014，37（11）：139-144.

[44] 黄志勇，邹瑶. 顶级男子职业高尔夫球手竞技水平分析［J］. 湖南人文科技学院学报，2013（02）：64-67.

[45] 吉姆·萨蒂. 个性完美挥杆［M］. 李彩萍，译. 北京：北京体育大学出版社，2007.

[46] 姜芹先，周里，张钊，等. 有球与无球挥杆动作对杆头速度影响差异的运动学分析［J］. 天津体育学院学报，2014，29（05）：434-435.

[47] 解洋. 世界优秀男子高尔夫运动员竞技表现的研究［D］. 北京：北京体育大学，2016.

[48] 李百然，方华星. 高尔夫球手1号木杆击球效果的因子分析与评价模型构建［J］. 湖北师范大学学报（自然科学版），2019，39（02）：17-21.

[49] 李博文. 高尔夫运动中三种球位挥杆击球技术动作运动学特征的研究分析［D］. 上海：上海体育学院，2018.

[50] 李睿. 高尔夫挥杆技术常见错误分析［J］. 长治学院学报，2008（02）：53-54.

[51] 李淑媛，罗冬梅，周兴龙. 高尔夫球员全挥一号木杆技术动作运动学分析［J］. 北京体育大学学报，2013，36（06）：131-135.

[52] 李淑媛. 高尔夫球手全挥杆技术特征及其相关身体素质特征的研究［D］. 北京：北京体育大学，2012.

[53] 李淑媛. 高尔夫全挥杆技术的生物力学研究［A］. 第九届全国体育科学大会论文摘要汇编（2）［C］. 中国体育科学学会，2011：1.

[54] 廖双道，黄运江. 高尔夫球具基础知识［M］. 长沙：湖南人民出版社，2012.

[55] 刘智鑫. 竞技高尔夫球奥运备战及科学性发展刍议［J］. 湖北体育科技，2018，37（3）：246-248，254.

[56] 陆爱云. 运动生物力学［M］. 北京：人民体育出版社，1990.

[57] 马尔柯母·坎贝尔. 高尔夫学习百科［M］. 凌云，译. 汕头：汕头大学出版社，2007.

[58] 秦鹏飞. 高尔夫全挥杆动作的生物力学分析［C］//中国体育科学学会运动生物力学分会. 第十八届全国运动生物力学学术交流大会（CABS 2016）论文集，2016：2.

[59] 屈建平. 高尔夫推杆击打方式中的推与敲［J］. 力学与实践，2019，41（01）：10-13.

[60] 史储瑞. 不同高度跳深练习对高校男子排球运动员下肢肌群影响的表面肌电分析［D］. 长春：吉林大学，2018.

[61] 史蒂芬·内维尔，图解高尔夫完全手册［M］. 张安宇，译. 北京：北京美术摄影出版社，2014.

[62] 舒天悦. 百年回归入奥运，高尔大让世界铭记中国［J］. 世界高尔夫，2016（09）：14-15.

[63] 孙胜. 职业高尔夫球运动员推杆技术动作的运动学分析［J］. 中国体育科技，2012，48（01）：86-88.

[64] 孙小涵. 论高尔夫木杆挥杆技术动作的运动力学分析［J］. 科技风，2017（15）：234.

[65] 王德志．我国优秀高尔夫球手挥杆技术运动学特征的研究分析［D］．北京：北京体育大学，2010．

[66] 王昆仑．高尔夫球运动教程［M］．北京：人民体育出版社，2014．

[67] 王英彬，崔志强．学生高尔夫球指南［Z］．北京：北京体育大学出版社，2011．

[68] 吴水田，李佳莎，黄健乐．高尔夫专业挥杆技术分析实验研究［J］．实验科学与技术，2011，9（02）：54．

[69] 杨华峰，孙悦．中国男子高尔夫奥运会重点球员竞技水平分析及建议［J］．河北体育学院学报，2015，29（03）：39．

[70] 杨华峰．中国男子高尔夫奥运重点球员与世界水平差距——基于2014年世锦赛—汇丰冠军赛的技术统计与分析［J］．运动，2015（03）：18-20．

[71] 殷怀刚，陆东东，韩冬．高尔夫球运动员核心竞技能力的特征及评价［J］．成都体育学院学报，2018，44（02）：75．

[72] 殷怀刚．中国高水平高尔夫球运动员核心竞技能力特征及其评价体系研究［D］．上海：上海体育学院，2019．

[73] 云高高尔夫．靠DJ教你的这4个技巧，提高木杆的击球效率！［DB/OL］．搜狐信息发布平台，2018-11-28 21：45．

[74] 张勤．轮高尔夫挥杆技术的专项力量训练［J］．广东技师师范学院学报，2006（04）：144-146．

[75] 张勤．论高尔夫挥杆技术的专项力量训练［J］．广东技术师范学院学报，2006（04）：144．

[76] 张星月．现阶段青少年女子高尔夫运动员体能训练实践研究［D］．武汉：武汉体育学院，2016．

[77] 赵震波．不同水平高尔夫球手全挥杆动作技术特征的比较研究［C］//中国体育科学学会．第九届全国体育科学大会论文摘要汇编，2011，3：2．

[78] 周宏宇，刘保华．东京奥运会高尔夫球项目竞技形势分析及备战对策研究［J］．四川体育科学，2019，38（06）：76，78，82．